Daniel Stelter

DIE SCHULDEN IM 21. JAHRHUNDERT

Was ist drin, was ist dran und was fehlt in
Thomas Pikettys „Das Kapital im 21. Jahrhundert“

Frankfurter Allgemeine Buch

Bibliografische Information der Deutschen Nationalbibliothek
Die Deutsche Nationalbibliothek verzeichnet diese Publikation in der Deutschen Nationalbibliografie; detaillierte bibliografische Daten sind im Internet über http://dnb.d-nb.de abrufbar.

Daniel Stelter
Die Schulden im 21. Jahrhundert
Was ist drin, was ist dran und was fehlt in Thomas Pikettys „Das Kapital im 21. Jahrhundert"

Frankfurter Societäts-Medien GmbH
Frankenallee 71 – 81
60327 Frankfurt am Main
Geschäftsführung: Hans Homrighausen

1. Auflage
Frankfurt am Main 2014

ISBN 978-3-95601-077-4

Frankfurter Allgemeine Buch

Umschlag Anja Desch, F.A.Z.-Institut für Management-, Markt- und Medieninformationen GmbH, 60327 Frankfurt am Main
Satz Wolfgang Barus, Frankfurt am Main
Druck Westermann Druck Zwickau GmbH, Crimmitschauer Straße 43, 08058 Zwickau

Printed in Germany

Inhalt

Vorwort

Seit 2008 befinden sich die westliche Welt und vor allem Europa in der Krise. Trotz erheblicher Anstrengungen von Regierungen und Notenbanken liegt die Wirtschaftsleistung in fast allen Ländern der Eurozone unter dem Niveau des Jahres 2008. Die Arbeitslosigkeit verharrt auf negativen Rekordständen und eine Erholung ist nicht in Sicht.

Entgegen allen offiziellen Verlautbarungen wirkt die verordnete Medizin nicht. Die Sparpolitik verfehlt das Ziel, die Schulden zu senken, die Geldpolitik das Ziel, die Wirtschaft anzukurbeln. Beides kann nicht verwundern, wenn man einen nüchternen Blick auf die Krisenursachen wirft. Der Krise vorangegangen ist ein historisch einmaliger Verschuldungsboom. Staaten, private Haushalte und Unternehmen haben seit den 1980er Jahren ihre Verschuldung vervielfacht. Jetzt stehen wir vor den Konsequenzen dieses Lebens auf Pump und müssen feststellen, dass die Instrumente der vergangenen Jahre nicht mehr wirken. Mehr Schulden und noch billigeres Geld wirken nicht mehr, wenn die Verschuldungskapazität und -bereitschaft nicht mehr gegeben sind.

Die Hoffnung der Wirtschaftspolitik, über einen „Vermögenseffekt“ den Konsum anzukurbeln, wurde ebenfalls enttäuscht. Zwar sind die Preise für Vermögenswerte weltweit gestiegen und die Sparer bekommen praktisch keine Zinsen mehr, doch kann von spürbar mehr Konsum keine

Rede sein. Andererseits war es angesichts steigender Vermögenswerte bei gleichzeitig hoher Arbeitslosigkeit und Versuchen, über Sparpolitik die staatlichen Defizite in den Griff zu bekommen, nur eine Frage der Zeit, bis das Thema Einkommens- und Vermögensverteilung höhere Beachtung findet.

In dieses Vakuum ist Thomas Piketty mit seinem Buch *Das Kapital im 21. Jahrhundert* gestoßen. Fand die französische Erstauflage nur geringes Interesse, waren die ersten 45.000 Exemplare der englischsprachigen Übersetzung rasch vergriffen. Weltweit wird an Übersetzungen gearbeitet, so erschien die deutsche Ausgabe im Herbst 2014.

In der Überzeugung, dass Pikettys Buch die wirtschaftspolitische Diskussion und auch das Handeln in den kommenden Jahren prägen wird, habe ich es gelesen. Dabei wurde mir klar, dass er die Ursachen der von ihm problematisierten Ungleichverteilung von Einkommen und Vermögen nur unvollständig erfasst und keine Verbindung zur Ursache der heutigen Krise herstellt: den überbordenden Schulden. Neue Erklärungsansätze und Lösungsvorschläge für die Krise, in der wir uns befinden, fehlen ebenfalls. So wuchs die Idee, dieses kleine Büchlein zu verfassen – und zwar mit dem Ziel, drei einfache Fragen zu beantworten:

- *Was ist drin?*

Ein rascher Überblick über die Kernthesen von Piketty.

- *Was ist dran?*

Eine Bewertung von Pikettys Thesen.

- *Was fehlt?*

Fakten und Aspekte, die erforderlich sind, um die heutige Lage der Wirtschaft zu verstehen, die Piketty aber völlig vernachlässigt hat.

Bei der Beleuchtung der letzten Frage wurde immer deutlicher, dass Piketty genauso wie die breite Mehrheit der Ökonomen die Bedeutung von Schulden unterschätzt. Doch nur wer die Dynamik von Verschuldung und Entschuldung versteht, kann Vermögensverteilung und Wirtschaftskrise verstehen und Lösungen erarbeiten. So erklärt sich auch der Titel dieses Buches: *Die Schulden im 21. Jahrhundert*.

Mein besonderer Dank gilt meiner Frau, Brunhild Stelter, für ihre immerwährende Unterstützung und ihr Verständnis für dieses Projekt. Ebenso danke ich Danja Hetjens vom Verlag Frankfurter Allgemeine Buch, die dieses Buch in Rekordzeit und mit großem Engagement auf den Markt gebracht hat.

Daniel Stelter

Berlin, im Juli 2014

1. Kapital – Vermögen – Schulden im 21. Jahrhundert

Sechs Jahre nach Ausbruch der Finanz- und Eurokrise hat Thomas Piketty mit seinem Buch *Das Kapital im 21. Jahrhundert* den Fokus der politischen Diskussion verändert. Es geht in dem Buch nicht darum, wie man die Schuldenkrise überwindet und welche Lehren zu ziehen sind, sondern um die Entwicklung von Vermögen und Vermögensverteilung. Der Blick wendet sich weg von den Schuldnern, die sparen und zurückzahlen sollen, hin zu den Vermögenden. Wie sehr Schulden und Vermögen jedoch zusammenhängen, wird dabei nicht thematisiert. Faktisch ist dies aber genau der Konflikt, der uns in den kommenden Jahren beschäftigen wird.

Piketty hat es geschafft, zum richtigen Zeitpunkt einen wunden Punkt der wirtschaftlichen und gesellschaftlichen Entwicklung anzusprechen: die zunehmend als ungerecht empfundene Vermögens- und Einkommensverteilung in der Welt, vor allem in den Vereinigten Staaten von Amerika. Dies brachte ihm in den USA mittlerweile „Rockstar-Status" ein, wie die *Financial Times* berichtet. Und dies auch noch als Nicht-Amerikaner: Piketty ist Franzose und lehrt an der École d'Économie de Paris (Paris School of Economics). In der Datenfülle und der Qualität der Analysen ist sein Buch durchaus gleichwertig zum Bestseller *This Time is Different* von Carmen M. Reinhart und Kenneth Rogoff. Die beiden amerikanischen Ökonomen legten mit ebenfalls gutem Gespür für Timing das Standardwerk über Finanzkrisen pünktlich zum Höhepunkt der Krise im Jahr 2009 vor.

Pikettys Buchtitel erinnert an den Klassiker von Karl Marx: *Das Kapital*. Zwar betont Piketty, keineswegs ein Marxist zu sein, dennoch ist die Ähnlichkeit des Titels sicher nicht zufällig und auch inhaltlich sind auffällige Parallelen festzustellen. Während im Modell von Karl Marx die zunehmende Konzentration von Kapital zu allgemeiner Verarmung und letztlich zur Revolution führt, sieht Piketty den sozialen Frieden bedroht und erwartet ebenfalls Unruhen, sollte die von ihm diagnostizierte und als unfair empfundene Vermögensverteilung nicht korrigiert werden.

Hatten bei Marx die Kapitalisten die Kontrolle über die Produktionsgüter und schöpften den von den Arbeitern erwirtschafteten „Mehrwert" ab, so definiert Piketty den Begriff „Kapital" breiter. Er setzt „Kapital" mit allen in Geld bewerteten Formen von Vermögen gleich, unabhängig davon, ob dieses Vermögen produktiv eingesetzt wird oder nicht. Faktisch misst er den Marktwert aller Vermögenswerte einer Volkswirtschaft und stellt diesen das jährliche Einkommen dieser Volkswirtschaft gegenüber. Damit ist sein Buch eine Schrift über die Entwicklung der **Bewertung** von Sach- und Finanzvermögen und die Verteilung dieser Vermögen auf verschiedene Bevölkerungsgruppen im

Zeitablauf. Deshalb wäre der zu seinen Analysen passendere Titel *Die Vermögen im 21. Jahrhundert* gewesen.

In der Verfügungsgewalt über „Kapital" sieht Piketty – wie Karl Marx – einen Machtfaktor. Durch die Gleichsetzung von Vermögen mit direkter oder indirekter politischer Macht macht Piketty aus dem *unpolitischen* Vermögen das *politische* Kapital.

Unser Wirtschaftssystem fördert Vermögenskonzentration

Piketty hat sich die Mühe gemacht, große Mengen an historischen Daten aufzubereiten, um die Entwicklung von Vermögen und Vermögensverteilung über Jahrhunderte nachzuvollziehen. Dabei fand er heraus, dass das Gesamtvermögen in einer Volkswirtschaft langfristig zwischen dem Vier- und Siebenfachen der jährlichen Wirtschaftsleistung liegt. Dies ist einleuchtend, ist doch der Wert einer Volkswirtschaft, wie bei einer Unternehmensbewertung, der abgezinste Wert der zukünftigen Erträge. Phasen tiefen Zinsniveaus – wie heute – führen bei gegebenen Einnahmen zu entsprechend höheren Vermögenswerten und umgekehrt.

Der Schwerpunkt von Pikettys Analysen liegt jedoch auf der Frage der Vermögensverteilung. Hier zeigen seine Untersuchungen, wie es über Jahrhunderte immer wieder zu einer zunehmenden Konzentration von Vermögen gekommen ist und dieses durch Kriege, Währungsreformen und Naturkatastrophen wieder verringert wurde. Piketty führt das auf die strukturell höhere Verzinsung von Kapital relativ zum Wachstum der Wirtschaft zurück. Demnach müssten die Vermögen schneller zunehmen als die Wirtschaftsleistung, und Kapitalbesitzer würden sich immer besser stellen als diejenigen, die nur auf Arbeitseinkommen angewiesen sind. Ewig kann ein solcher Prozess naturgemäß nicht andauern, was wiederum die regelmäßige Bereinigung der Vermögenskonzentration durch krisenhafte Ereignisse erklärt.

Schon im Altertum gab es Bemühungen, den Prozess der Vermögenskonzentration zu begrenzen. Später wurden von der Politik progressive Einkommens- und Erbschaftssteuern ebenfalls zur Begrenzung der Ungleichverteilung eingeführt.

Hohe Korrelation von Vermögen und Schulden

Seit den 1970er Jahren hat sich die Politik geändert. Die Regierungen taten seitdem alles, um einen auf Verschuldung basierenden Wirtschaftsaufschwung zu befeuern. Nach der Aufhebung der Goldbindung des Dollars und durch die Liberalisierung der Finanzmärkte haben die Banken weitgehend ungebremst die Kreditvergabe ausgeweitet und mit den durch dieses legale Gelddrucken erzielbaren Gewinnen immer aggressiver betrieben. Der Höhepunkt wurde erst 2007 mit den „Ninja"-Loans („Ninja"-Kredite) erreicht: No income, no job, no assets (dt.: kein Einkommen, keine Arbeit, keine Vermögenswerte) – aber dennoch kreditwürdig. Hilfestellung gaben die Zentralbanken, die das Zinsniveau immer weiter nach unten trieben.

Von der Schaffung neuen Geldes profitieren jene am meisten, die als erste Zugriff darauf haben. Banken, Hedgefonds und die Private-Equity-Branche gewinnen also überproportional. Der Ersatz von Eigenkapital durch billige Kredite ergab den gewünschten „Leverage" (Hebeleffekt) für die eigenen Investitionen. Liegt die Gesamtkapitalrendite eines Vermögenswertes über den Zinskosten, lässt sich durch einen vermehrten Einsatz von Fremdkapital (= Schulden) die Eigenkapitalrendite deutlich „hebeln". Wenn ein Vermögenswert (zum Beispiel eine Aktie), den sie für 100 Euro kaufen, 10 Euro jährlichen Zins abwirft, haben sie einen Ertrag von 10 Prozent. Wenn Sie sich die Hälfte des Kaufpreises zu einem Zinssatz von 5 Prozent leihen können, steigt die Rendite auf ihrem Kapitaleinsatz von 10 Prozent (10/100) auf 15 Prozent (7,5/50), weil Sie der Kredit nur 2,50 Euro kostet. Können Sie sich 80 Euro zu 5 Prozent leihen, steigt Ihre Rendite auf 30 Prozent (6,0/20). Zugleich können Sie für insgesamt 500 Euro den Vermögenswert kaufen, was den Gesamtertrag nochmals steigert. Statt Einnahmen von 10 Euro, erzielen Sie dann einen Gesamtertrag von 30 Euro (Bruttoertrag 50 Euro abzüglich 20 Euro für Zinsen). Folge: die Nachfrage nach dem Vermögensgegenstand nimmt zu und der Preis steigt.

Kein Wunder, dass in den Hitlisten der reichsten Menschen überproportional viele Vertreter dieser Branchen (Banken, Hedge Fonds, Private Equity) zu finden sind. Zusätzlich befördert von einem Steuerrecht in den USA, aber auch weiten Teilen Europas, das Kapitalgewinne geringer besteuert als Arbeitseinkommen. Das prangert sogar US-Multimilliardär Warren Buffett öffentlich an. Es gehe nicht, dass seine Sekretärin einem höheren Steuersatz unterliege als er selbst. Auch in Deutschland liegt die Abgeltungssteuer für Kapitalerträge unter den Sätzen der Einkommenssteuer.

Der Politik war dieser Kreditboom nur recht. Durch die Globalisierung der Wirtschaft hat sich in der westlichen Welt der Druck auf die Einkommen der Mittelschicht drastisch erhöht. Die richtige Antwort der Politik wären vermehrte Anstrengungen für Bildung, Innovationen und Investitionen gewesen. Stattdessen wurden die stagnierenden Einkommen durch immer mehr Kredite kaschiert. In den USA über einen angeblich unendlichen Immobilienboom, in Europa über einen fürsorglichen Sozialstaat.

So zeigt sich bei genauerer Betrachtung ein von Piketty vernachlässigter Aspekt. Zeitgleich mit dem von ihm herausgearbeiteten Anstieg der Vermögenswerte und der Vermögenskonzentration erfolgte ein historisch einmaliger Anstieg der Verschuldung in der westlichen Welt. Staaten, private Haushalte und Unternehmen haben ihre Verschuldung seit 1980, relativ zum Bruttoinlandsprodukt (BIP), mehr als verdoppelt. Da Piketty nur Nettogrößen betrachtet, also das Vermögen abzüglich der Schulden, ist ihm dieser wesentliche Aspekt, ohne den ein derartiges Anwachsen der Vermögen gar nicht denkbar gewesen wäre, entgangen.

Denn Schulden wirken über den mit ihnen verbundenen Hebeleffekt doppelt. Wenn Piketty von einem Bruttowert des Vermögens (z.B. 500) die Schulden (z.B 200) abzieht und auf einen Nettowert kommt (in diesem Beispiel von 300), vernachlässigt er diesen wichtigen Einflussfaktor: Ohne die schuldenfinanzierte Zusatznachfrage wäre der Wert nicht 300, sondern vermutlich nur 200. Nur wer diese Systematik versteht, kann die Entwicklung der Vermögen in den vergangenen 40 Jahren verstehen und muss zu dem Schluss kommen, dass das eigentliche Thema *Die Schulden im 21. Jahrhundert* lautet.

Die Lösung für beide Probleme, die der untragbar hohen Schulden und die der vermeintlich zu hohen Vermögen und der Ungleichverteilung derselben, ist eng miteinander verbunden.

Wegbereiter für Umverteilung

Mit seinen Forderungen nach höheren Steuern, vor allem aber einer globalen Vermögenssteuer und einer einmaligen Vermögensabgabe zur Lösung der europäischen Staatsschuldenkrise, passt Piketty perfekt in den Zeitgeist. Die

Politik erkennt immer mehr das Scheitern ihres Versuchs, eine Krise, die durch zu billiges Geld und zu viele Schulden verursacht wurde, durch noch mehr billiges Geld und noch mehr Schulden zu bekämpfen. Wir nähern uns dem Punkt, an dem wir anerkennen müssen, dass ein guter Teil der Schulden nicht mehr ordnungsgemäß bedient werden wird. Es stellt sich also die Frage, wer die unausweichlich damit verbundenen Verluste tragen soll. Aus Sicht der Politik bieten sich dafür die Vermögenden an. So verwundert es nicht, dass viele Studien – gerade aus staatlichen oder überstaatlichen Institutionen – beginnen, Vermögen und Schulden im Zusammenhang zu sehen:

- So zeigt eine neue Studie des Internationalen Währungsfonds (IWF), dass Länder mit einer gleichmäßigeren Vermögensverteilung höhere Wachstumsraten aufweisen als Länder mit einer eher ungleichen Vermögensverteilung. Wer also mehr Wachstum möchte, muss für mehr Gleichverteilung sorgen.[1]
- In einer anderen Studie schreibt wiederum der IWF, dass einmalige Vermögensabgaben der richtige Weg sein könnten, die Schuldenprobleme Europas in den Griff zu bekommen.[2]
- Das ist eine Idee, die auch die renommierten Ökonomen Carmen M. Reinhart und Kenneth Rogoff unterstützen, da nur so die Eurozone stabilisiert werden könne.[3]
- Selbst die Bundesbank stimmt in den Chor jener ein, die Vermögensabgaben zur Krisenbewältigung vorschlagen – zunächst für die europäischen Krisenländer.[4]

Selbst die nicht gerade für Sympathien mit dem Sozialismus bekannte *Financial Times* kommt zu dem Schluss, dass es angesichts der von Piketty und dem IWF vorgelegten Studien vernünftig sei, das Thema der Vermögensverteilung von politischer Seite anzugehen. Letztlich ließe sich nur so die Dynamik der freien Wirtschaft mit einer breiten politischen Akzeptanz für diese Wirtschaftsform verbinden – und höhere Wachstumsraten erzielen.[5]

Damit scheint klar, wohin die Reise geht. Angesichts der ungelösten Überschuldungsproblematik auf der einen und der hohen Vermögen auf der anderen Seite wird über den geeigneten Weg nachgedacht, beides abzubauen: die Schulden und die Vermögen. Piketty, der IWF und andere Institutionen und Autoren liefern hierzu das theoretische Rüstzeug. Bis es so weit ist, kann es durchaus noch eine Weile dauern. Zunächst wird die heutige Politik des Spiels auf Zeit fortgesetzt. Je deutlicher jedoch wird, dass die Schuldendynamik angesichts geringer Wachstumsraten nicht mehr beherrschbar ist, desto wahrscheinlicher werden Maßnahmen, die Verschuldung und Vermögen im Zusammenhang sehen. Es soll also niemand sagen, er sei nicht gewarnt gewesen.

So nutzen Sie dieses Buch

Auf den folgenden Seiten möchte ich Sie mit den wesentlichen Inhalten des Buches von Thomas Piketty vertraut machen und helfen, sie einzuordnen. Dabei beschränke ich mich auf seine Kernaussagen und ergänze diese um eigene Einschätzungen und Bewertungen. Vor allem die von Piketty völlig unterschätzte Bedeutung der Verschuldung für die Entwicklung von Vermögenswerten und Vermögenskonzentration und die sich daraus ergebende politische Bedeutung werde ich tiefer beleuchten.

In *Kapitel 2* bespreche ich die wesentlichen Ergebnisse von Pikettys empirischen Arbeiten: Vermögen und Vermögensverteilung in den vergangenen Jahrhunderten. Wie korrekt und plausibel sind die Daten? Und vor allem, was steckt hinter der Entwicklung?

Kapitel 3 beschäftigt sich mit dem theoretischen Modell, auf dessen Grundlage Piketty ein ungebremstes Ansteigen von Vermögen und Vermögenskonzentration prognostiziert. Ich hinterfrage das Modell, führe einige ergänzende Betrachtungen durch und zeige auf, welche Annahmen entscheidend sind, um Piketty in seiner Argumentation zu folgen – oder eben nicht. Zusätzlich beleuchte ich die Bedeutung der stark gestiegenen Verschuldung für die von Piketty dokumentierten Zuwächse der Vermögen. Ohne den Verschuldungsboom der vergangenen Jahrzehnte hätte es eine derart deutliche Zunahme von Vermögen und der Vermögenskonzentration nicht gegeben.

In *Kapitel 4* werfen wir einen Blick auf Pikettys Politikempfehlungen. Wie schaut es tatsächlich mit der Berechtigung, der Wirksamkeit und der Realisierungswahrscheinlichkeit seiner Ideen aus? Ergänzt wird diese Frage um eine Einschätzung, wie Pikettys Thesen und Vorschläge in den kommenden Jahren die Politik in der westlichen Welt beeinflussen werden.

Den Abschluss bildet eine zusammenfassende Würdigung.

Eilige Leser finden am Anfang jedes Kapitels eine Zusammenfassung der Kernaussagen und Definitionen.

Unabhängig davon, ob man Piketty zustimmt oder nicht: dass sein Buch die politische Diskussion in den kommenden Jahren prägen wird, steht schon jetzt außer Frage. Er hat nicht nur den Zeitgeist getroffen. Er liefert auch eine politisch angenehme Antwort auf die größte finanzielle Frage unserer Zeit: die Überschuldung der westlichen Welt.

2. Der Blick in die Geschichte: Vermögen und Vermögensverteilung

Definitionen:
In „Das Kapital im 21. Jahrhundert" verwendet Piketty die Begriffe Kapital und Vermögen synonym. In diesem Buch verwende ich durchgehend den Begriff Vermögen, da dies der inhaltlichen Definition der von Piketty erarbeiteten Daten und Analysen entspricht.

Volksvermögen = Der Marktwert aller Vermögenswerte im Eigentum der Bewohner und des Staates eines Landes, die gehandelt werden können. Dies beinhaltet reale Vermögensgegenstände (Grund und Boden, Gebäude, Maschinen und Anlagen, Infrastruktur), immaterielle Vermögenswerte (wie Patente etc.) und Finanzvermögen (Bankguthaben, Investmentfonds, Anleihen, Aktien, Lebensversicherungen, Pensionsfonds etc.) abzüglich Schulden. Es umfasst neben dem inländischen Vermögen auch das Nettoauslandsvermögen. Letzteres ist die Differenz zwischen dem Vermögen, welches Inländer im Ausland besitzen, und dem inländischen Vermögen, das sich in Händen von Ausländern befindet.

Volkseinkommen = Einkommen aus Erwerbstätigkeit (Löhne, Gehälter, Boni) und Einkommen aus Vermögen (Mieten, Dividenden, Zinsen, Gewinne, Gebühren). Dies entspricht dem Bruttoinlandsprodukt abzüglich der Abschreibungen auf den Kapitalstock. Wie auch beim Vermögen wird das Nettoeinkommen aus dem Ausland hinzugerechnet.

Vermögens-/Einkommensquote = Gesamtwert des Volksvermögens (Staat und Private) abzüglich Schulden relativ zum Volkseinkommen eines Jahres. Beträgt das Volksvermögen beispielsweise 600 und das Jahreseinkommen 100, so liegt die Quote bei sechs bzw. 600 Prozent

Vermögenskonzentration = Anteil des Gesamtvermögens eines Landes beispielsweise in den Händen der ein bzw. zehn Prozent vermögendsten Einwohner des Landes.

Kernaussagen:

Die **Vermögens-/Einkommensquote** schwankt in den von Piketty untersuchten Ländern im Zeitraum von 1700 bis 2010 zwischen dem Zweieinhalbfachen und Siebenfachen des Jahreseinkommens. Gegenwärtig liegt der Wert beim Faktor fünf bis sechs.

Die **Vermögensverteilung** ist ungleich. Dabei gilt: Je höher die Vermögens-/Einkommensquote, umso höher ist die Konzentration von Vermögen in den Händen weniger. Der Spitzenwert lag bei einem Wert von 90 Prozent des Vermögens in den Händen der reichsten zehn Prozent der Bevölkerung. Zurzeit liegt der Anteil der vermögendsten zehn Prozent bei rund 70 Prozent des Vermögens (USA, Großbritannien). Zu einem Rückgang von Vermögen und Vermögenskonzentration kommt es nur durch Naturkatastrophen und Kriege sowie deutliche Besteuerung von Spitzeneinkommen, Kapitalerträgen und Vermögen (Vermögenssteuern und Erbschaftssteuern).

Einschätzung:

Der Wert der Arbeit von Thomas Piketty liegt zweifelsohne in der Aufbereitung historischer Daten zu Vermögen, Vermögensverteilung und Volkseinkommen. Trotz kritischer Stimmen zur Qualität der Daten und Zweifeln an Pikettys Aussagen zur zunehmenden Vermögenskonzentration seit 1970 in den USA und Großbritannien sind die Daten unbestritten ein interessanter Beitrag zur wirtschaftshistorischen und wirtschaftspolitischen Diskussion.

Gemeinsam mit Kollegen hat Thomas Piketty sich mehr als ein Jahrzehnt lang der Erfassung von historischen Unterlagen und Statistiken gewidmet, um die Entwicklung von Einkommen, Vermögen und Vermögenskonzentration über einen Zeitraum von mehr als 300 Jahren zu dokumentieren. Der daraus resultierende Datensatz ist weltweit einmalig und bereits als solches für die wirtschaftspolitische Diskussion und Forschung ausgesprochen wertvoll.

Piketty setzt das Vermögen eines Landes (Summe aus privatem und staatlichem Vermögen nach Abzug von Schulden und zuzüglich Nettoauslandsvermögen), das wir der Einfachheit halber Volksvermögen nennen, in Relation zum jährlichen Volkseinkommen (aus Arbeit und Kapitalerträgen), was dem Bruttoinlandsprodukt abzüglich Abschreibungen für die Abnutzung des Kapitalstocks zuzüglich Nettoeinkommen aus dem Ausland entspricht. Die Relation von Volksvermögen zu jährlichem Einkommen ist die Vermögens-/Einkommensquote. Eine solche Betrachtung leuchtet ein. In letzter Konsequenz besitzt alles Vermögen nur deshalb einen Wert, weil sich damit Erträge erzielen lassen. Im Fokus seiner Untersuchungen steht zudem die Vermögensverteilung.

Vermögensentwicklung und -verteilung in Großbritannien und Frankreich zwischen 1700 und 2010[6]

Für Großbritannien und Frankreich konnte Piketty die größten historischen Zeiträume untersuchen. Immerhin ab 1700 lassen sich Daten zum Wert von landwirtschaftlichen Flächen, Wohngebäuden und anderen Vermögen (vor allem Staatsanleihen) finden. Dabei lässt sich Folgendes festhalten (alle Zahlen gerundet):[7]

- Die Vermögens-/Einkommensquote schwankt zwischen dem zweieinhalb- und siebenfachen Jahreseinkommen.

- Dabei ist der Wert zwischen 1700 und 1910 äußerst stabil, lediglich die Zusammensetzung ändert sich. Dominiert im Jahre 1700 der Wert von Agrarflächen mit 400 Prozent in Großbritannien und 480 Prozent in Frankreich eindeutig, so liegt der Wert in Großbritannien 200 Jahre später unter 50 Prozent und in Frankreich bei rund 150 Prozent. Gleichzeitig wächst der Wert der übrigen Vermögensgegenstände und des Auslandsvermögens.

- Nach 1910 kommt es zu einer massiven Vermögensvernichtung. Im Jahre 1950 beträgt das Vermögen in Großbritannien nur noch 250 Prozent und in Frankreich rund 280 Prozent des Jahresvolkseinkommens.

- Nach dem Einbruch erholt sich der Wert der Vermögen wieder und steigt auf das heutige Niveau von rund 500

Prozent in Großbritannien und 600 Prozent in Frankreich.

- Heute sind Immobilien der dominierende Vermögensfaktor. Darauf folgen die übrigen inländischen Vermögen. Landwirtschaftliche Flächen und Auslandskapital spielen keine bedeutende Rolle mehr.

- Das Nettostaatsvermögen (also das Vermögen nach Abzug der Staatsschulden) wird von Piketty auf null in Großbritannien und 30 Prozent des Volkseinkommens in Frankreich geschätzt. Dies liege daran, dass der französische Staat im Unterschied zum britischen nicht so aggressiv privatisiert habe.

Es ist offensichtlich, dass diese Entwicklung die Veränderung der Wirtschaftsstruktur und die politischen Erschütterungen des 20. Jahrhunderts widerspiegelt. Im 18. und frühen 19. Jahrhundert war die Wirtschaft Europas von der Landwirtschaft geprägt. Vermögen diente dazu, verlässliches, rentenähnliches Einkommen zu generieren: überwiegend Grund und Boden und Staatsanleihen. Bei beiden Vermögensklassen lag die Verzinsung bei vier bis fünf Prozent pro Jahr, wie Piketty auch mit Bezug auf zeitgenössische Autoren wie Honoré de Balzac und Jane Austen feststellt. Die Wirtschaft wuchs in diesem Zeitraum fast nicht (was daran lag, dass es kaum Produktivitätsfortschritte gab) und war letztlich eng mit dem Bevölkerungswachstum verknüpft.

Die Einkommenssteuersätze lagen zwischen fünf und zehn Prozent und waren linear, das heißt, es bestand keine Progression, wie wir sie heute kennen. Zugleich war das Vermögen in den Händen weniger konzentriert. Piketty schätzt den Anteil, den die obersten zehn Prozent der Vermögensbesitzer am Gesamtvermögen hatten, auf 90 Prozent und den Anteil des obersten einen Prozents der Vermögensbesitzer auf mindestens 50 Prozent. Die Vermögensverteilung war dadurch so sehr gefestigt, dass es nicht möglich war, durch Arbeit so viel zu verdienen, wie die Vermögensbesitzer als Verzinsung auf ihre Vermögen erhielten. Zudem gingen die Vermögen durch Vererbung auf die nächste Generation über.

Der Wandel im 19. Jahrhundert ist die Folge der industriellen Revolution. Die Wirtschaft wuchs deutlich schneller, ebenso das Volkseinkommen, und der Anteil der landwirtschaftlichen Flächen am Gesamtvermögen der Volkswirtschaft ging zurück. Es war attraktiver, in neue Industrien zu investieren, ergab sich doch auf diese Weise eine höhere Kapitalverzinsung. Der zweite Faktor, der die Struktur der Vermögen beeinflusste, war der Imperialismus der europäischen Kolonialmächte. Zum ersten Mal kam es zu bedeutenden Auslandsvermögen.

Die Art der Vermögen änderte sich also grundlegend. Doch der Wert blieb mit einem Faktor von sieben relativ zum Volkseinkommen praktisch unverändert. Die Verteilung der Vermögen blieb ebenfalls weitgehend stabil. Wenn überhaupt, lässt sich eine geringfügige Zunahme der Vermögenskonzentration feststellen.

Wenig verwunderlich ist der äußerst starke Einbruch der Vermögenswerte als Folge der beiden Weltkriege und der Großen Depression in den 1930er Jahren. Dabei hat nicht nur die offensichtliche physische Zerstörung von Vermögen durch Kriegshandlungen zu diesem Vermögensrückgang geführt. So beziffert Piketty die direkten Kriegsschäden auf ein Jahreseinkommen in Frankreich und rund zehn Prozent des Volkseinkommens in Großbritannien

Der weitaus größere Teil des Vermögens wurde jedoch indirekt vernichtet. Zur Finanzierung beider Kriege haben sich die Staaten in großem Umfang bei ihrer Bevölkerung verschuldet. Es kam also im ersten Schritt zu einer Umschichtung von Volksvermögen aus Auslandsforderungen und anderen Vermögensgegenständen in Staatsanleihen. Nach Kriegsende waren die Schuldenstände so hoch, dass die Regierungen diese in einer Kombination von hoher Inflation und hoher Besteuerung reduzierten. Beide Maßnahmen hatten dieselbe Wirkung: Das Vermögen schrumpfte. Zusätzlich verschärfend wirkten weitere Eingriffe, unter anderem die Mietpreisbegrenzung. In Zeiten hoher Inflation drückte dies den Wert von Immobilien auf historische Tiefststände. Ein dreifacher Effekt: Das Vermögen wurde höher besteuert, erbrachte weniger Ertrag, und zugleich sank die Nachfrage, weil die potentiellen Käufer zum einen selbst diesen Belastungen unterlagen und zum anderen ihre Ertragsmöglichkeiten beschränkt sahen.

Die Große Depression erhöhte den Schaden des Ersten Weltkriegs zusätzlich. Zum einen erfolgte durch den Börsenkrach und die Welle an Banken- und Unternehmenszusammenbrüchen eine direkte Vernichtung von Vermögen. Zum anderen erhöhten die Staaten in Reaktion auf die Krise die Steuern weiter und griffen verstärkt in die Wirtschaft ein. Diese größere Regulierung wirkte sich negativ auf die Rendite von privaten Investitionen aus.

Im Jahre 1950 war somit nicht nur die Vermögens-/Einkommensquote deutlich geschrumpft (auf einen Wert von rund 250 Prozent), sondern zugleich auch die Verteilung der Vermögen weniger konzentriert. Dabei war der Verlust für die obersten zehn bzw. das oberste eine Prozent der Vermögensbesitzer erheblich: Der Anteil der „Top zehn Prozent" fiel von Werten um 90 Prozent des Volksvermögens auf 60 bis 70 Prozent und der Anteil der „Top ein Prozent" von 60 Prozent auf 20 bis 30 Prozent. Im Gegenzug wuchs das Vermögen der Mittelschicht. Im Unterschied zu den Vorkriegsjahren war es leichter möglich, mit den Arbeitseinkommen relativ mehr zu verdienen als mit reinen Vermögenserträgen und damit aus Arbeitseinkommen selber Vermögen zu bilden. Piketty sieht darin und in den kleiner gewordenen Vermögen und damit Erbschaften der alten Vermögensbesitzer eine „Demokratisierung" des Zugangs zu Vermögen. Das hohe Wachstum der Nachkriegsjahre, die gleichzeitig bestehende progressive Besteuerung von Einkommen und Vermögen sowie die zunehmende Umverteilung im Sozialstaat führten des Weiteren dazu, dass diese „gleichere“ Vermögensverteilung Bestand hatte.

Erst mit den Wirtschaftsreformen der 1980er Jahre setzte, so Pikettys Analysen, wieder ein Trend zu höherer Vermögenskonzentration ein. Als Reaktion auf die stagnierende Wirtschaft wurden Märkte liberalisiert, staatliche Unternehmen privatisiert und Steuern gesenkt. Ziel war es, durch eine angebotsorientierte Politik das Wirtschaftswachstum zu stärken. Vorreiter dieser Politik waren Margaret Thatcher in Großbritannien und Ronald Reagan in den USA. Hinzu kam eine zunehmende Lohnspreizung. Die Gehälter der breiten Mittelschicht stagnierten oder waren real rückläufig, während die Spitzengehälter deutlich zulegten.

In der Folge stiegen sowohl die Vermögens-/Einkommensquote wie auch die Vermögenskonzentration. In Großbri tannien wuchs der Anteil der „Top zehn Prozent“ von 60 Prozent auf 70 Prozent und der Anteil der „Top ein Prozent“ von 20 Prozent auf fast 30 Prozent des Vermögens. In Frankreich war der Anstieg nicht ganz so stark (dort gab es weniger Reformen).

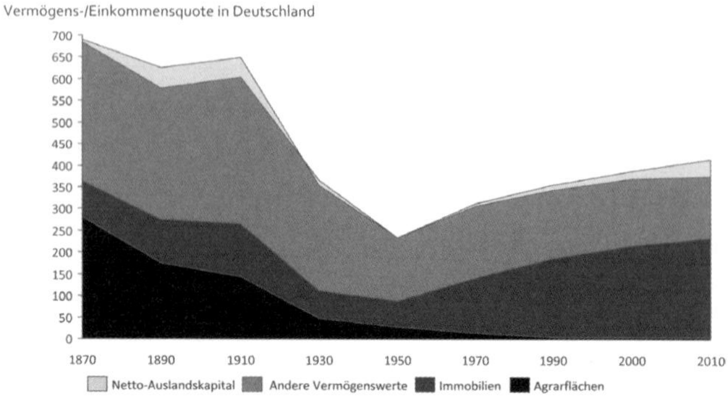

Abbildung 1: Vermögens-/Einkommensquote in Deutschland 1870–2010
Quelle: Thomas Piketty, „Capital in the 21st Century"

Vermögensentwicklung und -verteilung in Deutschland zwischen 1870 und 2010[8]

Für Deutschland erweist sich die Datenlage als deutlich weniger gut als für Frankreich und Großbritannien. Dies liegt zum einen an der späten Einigung im Jahre 1870 und zudem an den territorialen Verlusten infolge der beiden Weltkriege. Dennoch kommt Piketty zu folgenden Aussagen (Abbildung 1):

- Die Entwicklung von Vermögen und Vermögensstruktur ist relativ ähnlich zu Frankreich und Großbritannien.

- Zwischen 1870 und 1910 lag der Wert des Volksvermögens bei rund 650 Prozent des Jahreseinkommens.

- Bereits 1870 stellte das „übrige" Inlandsvermögen mit rund 300 Prozent den dominierenden Anteil am Volksvermögen dar, gefolgt von landwirtschaftlichen Flächen mit rund 280 Prozent und Immobilien mit rund 100 Prozent. Auslandsvermögen war weitaus weniger wichtig als in Großbritannien und Frankreich.

- Wenig verwunderlich kam es durch Kriege und Wirtschaftskrise nach 1910 in Deutschland zu einem erheblichen Rückgang des Gesamtvermögens auf rund 250 Prozent.

- Der Anstieg der Vermögen in den Jahren seit 1950 verlief langsamer. Das Niveau von heute – rund 400 Prozent des Volkseinkommens – liegt deutlich unter dem Niveau von Großbritannien und Frankreich.

- Auffällig ist dabei der im Vergleich geringe Anteil des Immobilienvermögens mit etwas über 200 Prozent (Großbritannien: 300 Prozent und Frankreich gar 400 Prozent). Piketty vermutet eine Unterbewertung deutscher Immobilien, ohne diese Annahme jedoch zu begründen. Genauso könnte eine Überbewertung von Immobilien in Frankreich und Großbritannien der Fall sein. Als weiteren Grund führt er die geringe Börsenbewertung deutscher Unternehmen an. Würde man statt Marktwerten Buchwerte heranziehen, befände sich nach Piketty die Gesamtheit der Vermögenswerte in Deutschland auf dem Niveau Großbritanniens und Frankreichs.

- Das Auslandsvermögen Deutschlands liegt mit einem Wert von 50 Prozent des Volkseinkommens deutlich über den Werten von Frankreich und Großbritannien und spiegelt die Exportüberschüsse der vergangen Jahrzehnte wider.
- Das Nettovermögen des deutschen Staates liegt nach Schätzungen von Piketty derzeit bei null. Zum Höchststand in der Nachkriegszeit hat das staatliche Vermögen immerhin bei 100 Prozent des Volkseinkommens gelegen. Hier zeigt sich, wie der deutsche Staat durch Verkauf von Vermögen und immer weitere Verschuldung von der Substanz lebt.

Natürlich sind die Daten ein Symptom für die wirtschaftliche und politische Entwicklung Deutschlands. Bis zum Ersten Weltkrieg existierte in Deutschland ein hoher Anteil von Industrievermögen sowie geringes Auslandsvermögen. Durch die Kriege und die Weltwirtschaftskrise erfolgte eine umfassende Vermögensvernichtung durch direkte Schäden (die Piketty auf das Eineinhalbfache des Jahreseinkommens schätzt) und vor allem durch indirekte Schäden: Hyperinflation, Besteuerung und Regulierung. In der Nachkriegszeit gab es eine hohe Besteuerung und einen aktiven Sozialstaat. Dank der anhaltenden Außenhandelsüberschüsse erfolgte ein deutliches Anwachsen des Nettoauslandsvermögens. Dabei ist anzumerken, dass die Summe der Handelsüberschüsse in der Vergangenheit deutlich höher war als das Nettoauslandsvermögen, was auf eine schlechte Anlage der Überschüsse hindeutet.

Vermögensentwicklung und -verteilung in den USA zwischen 1770 und 2010[9]

Der große Teil der Einwanderer nach Amerika, später die Vereinigten Staaten, waren Menschen, die nur über geringes Vermögen verfügten. Für die meisten von ihnen dürfte dies überhaupt der Grund gewesen sein, zu emigrieren und in der neuen Welt das Glück zu suchen. Zugleich gab es reichlich Land. Großes Angebot bedeutet tiefe Preise.

- Aus diesen Gründen war das US-Vermögen deutlich geringer als in den Ländern Europas. Ausgehend von einem Wert von rund dreimal Volkseinkommen wuchs das Vermögen bis 1910 auf einen Wert von 500 Prozent. Ein beeindruckender Anstieg, der den Aufschwung der USA widerspiegelt, aber immer noch deutlich unter dem Niveau von Großbritannien, Frankreich und Deutschland lag.

- In einem kleinen Exkurs berechnet Piketty zusätzlich den Wert der Sklaven als fast kostenlose Arbeitskräfte. Nach seiner Schätzung lag er im Jahr 1770 bei immerhin 150 Prozent des Volkseinkommens. Dieser Wert war auf die Südstaaten konzentriert.

- Auch in den USA kam es infolge des Ersten Weltkriegs zu einem Rückgang des Volksvermögens. Allerdings fiel er deutlich geringer aus als in den europäischen Ländern.

- Den historischen und bis heute nicht übertroffenen Höchststand erreichte das Volksvermögen der USA im Jahre 1930 mit etwas über 500 Prozent. Heute liegt der Wert bei rund 450 Prozent.

- Die dominierende Vermögensklasse ist das sonstige Vermögen, also vor allem Industriekapital und – mittlerweile – Staatsschulden. Der Immobilienboom der Jahre 2003 bis 2008 ist in den Daten fast nicht zu erkennen. Der Anteil des Immobilienvermögens liegt mit rund 200 Prozent eher auf deutschem Niveau.

- Die Vermögensverteilung in den USA war über lange Zeiträume hinweg gleichmäßiger als in Europa. So verfügten die obersten zehn Prozent 1810 über etwas weniger als 60 Prozent (Europa: über 80 Prozent) und das oberste ein Prozent über 25 Prozent (Europa: über 50 Prozent). In beiden Gruppen stieg die Konzentration bis 1910 an. Durch Kriege, Depression und Nachkriegspolitik verringerte sich die Vermögenskonzentration deutlich, bevor sie seit 1970 wieder (leicht!) zunimmt. Dabei weisen die USA seit 1970 eine höhere Vermögenskonzentration auf; zurzeit von fast 35 Prozent (Top ein Prozent) und 70 Prozent (Top zehn Prozent) verglichen mit rund 25 Prozent bzw. nicht ganz 65 Prozent in Europa.

Die Entwicklung in den USA verläuft ähnlich wie in Europa. Ausgehend von einem tieferen Niveau (wenn man den Vermögenswert der Sklaven außer Acht lässt), wachsen

Vermögen und Vermögenskonzentration deutlich an. Durch Börsenkrach, Große Depression und nachfolgende Regulierung und Besteuerung fällt der Vermögenswert in der Zeit bis 1950, um anschließend im Zuge des Nachkriegsbooms wieder anzuwachsen. Die Vermögensverteilung bleibt lange Zeit auf einem gleichmäßigen Niveau, bevor es ab den 1970er Jahren zu einem erneuten Anstieg der Vermögenskonzentration kommt. Ursächlich dafür ist laut Piketty neben den Reformen der Reagan-Jahre und den damit verbundenen Steuersenkungen auch die Vernachlässigung der Breitenbildung. Der bereits angesprochene zunehmende internationale Wettbewerb hat ebenfalls zu einer Spreizung der Gehälter geführt.

Vermögens-/Einkommensquote in den Industrieländern seit 1970[10]

Piketty spricht von einem „Comeback" von Vermögen in den Industrieländern seit 1970. Bei Betrachtung der acht führenden Industrienationen (USA, Japan, Deutschland, Frankreich, Großbritannien, Italien, Kanada und Australien) stellt er fest (Abbildung 2):

- In allen Ländern ist die Vermögens-/Einkommensquote der privaten Vermögen (also ohne Staat) seit 1970 von Werten zwischen 200 Prozent und 350 Prozent auf Werte von 400 Prozent (Deutschland, USA, Kanada) bis fast 700 Prozent (Italien, gefolgt von Japan mit 600 Prozent) gestiegen. Im Vergleich mit den zuvor genannten

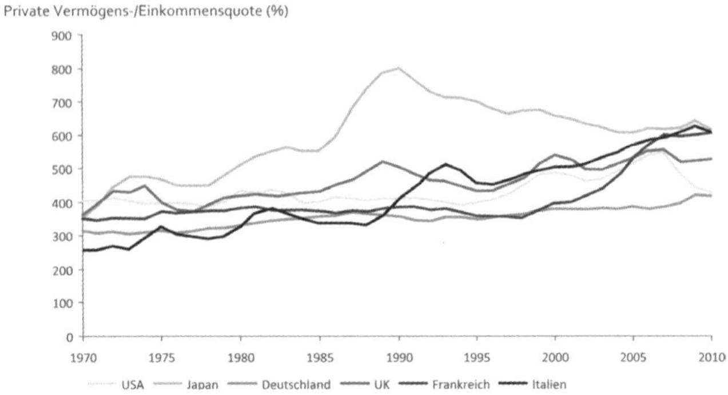

Abbildung 2: Private Vermögens-/Einkommensquote 1970–2010
Quelle: Thomas Piketty, „Capital in the 21st Century"

Gesamtwerten wird das zumeist geringe Vermögen der jeweiligen Staaten deutlich.

- In der Betrachtung der einzelnen Jahre zeigen sich die jeweiligen Blasen an Aktienbörsen und Immobilienmärkten. So stieg die Vermögens-/Einkommensquote in Japan auf 700 Prozent zum Höhepunkt der Spekulationsblase im Jahr 1990. Die Internetblase im Jahr 2000 zeigt sich vor allem in den Daten für die USA und Großbritannien. Für Spanien weist Piketty an anderer Stelle darauf hin, dass zum Höhepunkt der Immobilienblase im Jahre 2008 die Vermögens-/Einkommensquote mit 800 Prozent den bisherigen Rekord Japans sogar noch überboten hat und seit 2010 rapide sinkt. Doch abgesehen von diesen zeitweiligen Übertreibungen konstatiert Piketty einen nachhaltigen Trend nach oben: Die Vermögenswerte wachsen kontinuierlich schneller als das Volkseinkommen.

- Hinter dieser Entwicklung der Nettovermögenswerte steht eine beeindruckende Entwicklung der Bruttowerte, vor allem von Finanzvermögen. Begünstigt durch die Liberalisierung und die Globalisierung der Finanzmärkte, wuchsen Finanzvermögen und -schulden rasant an. Lagen die Bruttofinanzvermögen in den 1970er Jahren in den meisten Ländern bei vier bis fünf Jahreseinkommen, so ist die Quote mittlerweile auf Werte zwischen zehn und 15 gestiegen (USA, Japan, Deutschland, Frankreich) und auf einen historischen Höchststand von 20 in Großbritannien.[11] Zwar von Piketty nicht dahingehend problematisiert, zeigt sich hier natürlich das massive Wachstum des Finanzsektors als wesentliche Ursache für die Finanzkrise, mit deren Folgen wir seit 2008 zu kämpfen haben.

- Parallel zum Anstieg der Vermögenswerte ist der Anteil der Kapitaleinkommen am Volkseinkommen gewachsen: ausgehend von einem Anteil von rund 20 bis 25 Prozent am Volkseinkommen 1970 auf Werte zwischen 25 und 32 Prozent im Jahre 2010.

- Als Hauptgründe für das anhaltende Vermögenswachstum identifiziert Piketty hohe Sparquoten, eine weitgehende Privatisierung ehemals staatlicher Unternehmen und staatlicher Aufgaben (und damit eine Verschiebung des Volksvermögens von staatlichem zu privatem Eigentum), die Senkung von Steuern auf Einkommen und Vermögen und eine „Normalisierung“ der Assetpreise.

Nach einer langen Periode der relativ geringen Bewertung hätten sich die Preise für Vermögensgegenstände, vor allem Immobilien und Aktien, wieder auf einem höheren Bewertungsniveau eingependelt.

- Für denselben Zeitraum seit 1970 identifiziert Piketty eine deutliche Spreizung der Einkommen. Während vor allem in den USA die Einkommen der breiten Mittelschicht stagnierten oder real sogar rückläufig waren, seien die Gehälter der Spitzenverdiener überproportional gestiegen. In den dreißig Jahren vor dem Ausbruch der Finanzkrise im Jahre 2007 entfiel 60 Prozent des Zuwachses des US-Volkseinkommens auf die Top-1-Prozent der Einkommensbezieher. Ein Trend, der sich übrigens seit 2007 weiter fortgesetzt hat.

Anmerkung: Die Ursache für die stagnierenden Einkommen der breiten Masse lässt sich in der Globalisierung der Märkte seit 1980 gut nachvollziehen. Je stärker China und die anderen Schwellenländer in die Weltmärkte eingetreten sind, desto schwerer war es für die Arbeitnehmer in den Industrieländern, ihre Arbeitsplätze und ihr Lohnniveau zu verteidigen. Es gibt eine frappierende Korrelation zwischen dem Anteil der Arbeitseinkommen am Bruttoninlandsprodukt der USA und dem Handelsdefizit mit China.

- Doch nicht nur in den USA kam es zu einer deutlichen Spreizung der Einkommen. Gleiches gilt, wenn auch weniger stark, für die übrigen Industrieländer. Der Anteil der „Top zehn Prozent" am Volkseinkommen wuchs von Werten zwischen 30 und 35 Prozent in den Jahren von 1950 bis 1970 auf Werte zwischen 28 Prozent (Schweden), 36 Prozent (Deutschland), über 40 Prozent (Großbritannien) und rund 48 Prozent in den USA im Jahre 2010. Ähnliche Werte wurden zuletzt vor dem Zweiten Weltkrieg gemessen, wobei die USA damals eine geringere Einkommenskonzentration aufwiesen als Europa.

Die zunehmende Einkommenskonzentration und der Zuwachs des Vermögens, der mit einer Zunahme der Vermögenskonzentration einhergeht, bilden die Grundlage für Pikettys politische Überlegungen, vor allem zur Besteuerung großer Vermögen. Diese diskutiere ich in Kapitel 4. Zuvor werfe ich einen vertieften Blick auf Pikettys Theorie und weitere, von ihm vernachlässigte Ursachen dieser Entwicklung. Vor allem die von Piketty völlig ausgeblendete Wirkung von Staats- und Privatschulden auf die Entwicklung der Vermögenswerte stellt sich als Kapitalfehler heraus (Kapitel 3).

2.2 Was ist dran an Pikettys Daten?

Stimmen die Daten?

Der Wert von Pikettys Arbeit liegt zweifelsohne in der Aufbereitung historischer Daten zu Vermögen, Vermögensverteilung und Volkseinkommen. Selbst wenn keine der von ihm daraus abgeleiteten Theorien Bestand haben sollte, stellen diese Datengrundlage und die Wirkung auf die politische Diskussion für einige Beobachter wie den ehemaligen US-Finanzminister und Harvard-Professor Lawrence Summers, „einen nobelpreiswürdigen Beitrag“ dar.[12]

Auch Pikettys Kritiker haben diesen Aspekt seines Buches immer besonders gelobt. Allerdings gibt es Zweifel an der Qualität der Daten. Die *Financial Times* ist in die Originaldaten von Piketty eingestiegen (sie sind im Internet für jeden zugänglich) und hat dabei Übertragungsfehler, Datenfehler und fehlende Datenquellen identifiziert. Piketty habe bei seinen Berechnungen zur Einkommensungleichheit, der Definition seiner Werte sowie bei der Nennung von Quellen etliche Fehler gemacht. Überdies seien manche Zahlen glatt erfunden.[13]

Von besonderer Relevanz ist die Festellung der *Financial Times*, dass gerade für das von Piketty problematisierte Auseinanderlaufen der Einkommen und die zunehmende Vermögenskonzentration in den USA und Großbritannien seit 1980 die Daten nicht glaubhaft seien. Andere Datenquellen würden eine solche Entwicklung nicht zeigen. In der Tat ergeben die Zahlen der OECD ein anderes Bild. Zwar haben sich die Einkommen in den USA geringfügig auseinanderentwickelt, allerdings vor Steuern und Sozialleistungen. Ein Punkt der übrigens auf alle bisher genannten Zahlen zutrifft. Betrachtet man das verfügbare Einkommen (geringer durch Steuern und Abgaben für die einen und höher durch Transferleistungen für die anderen), befindet sich die Einkommensverteilung ungefähr auf dem Niveau der 1980er Jahre.[14] Piketty hält dem entgegen, dass die Spitzeneinkommen in den normalen Statistiken nicht ausreichend erfasst werden, und begründet damit seine abweichenden Annahmen. In der Tat zeigt eine neue Studie der EZB, dass die Vermögen der sehr Reichen regelmäßig nicht genügend in den Statistiken erfasst werden. Demzufolge liegt die Vermögenskonzentration in einigen Ländern deutlich über den bisher veröffentlichten Werten. Insgesamt wird der Anteil der reichsten ein Prozent der Weltbevölkerung am Vermögen auf 35 bis 37 Prozent geschätzt.[15]

Emotionale Diskussion

Piketty selbst weist die Kritik der *Financial Times* entschieden zurück und nannte die Aussagen des Blattes „lächerlich“. Gegenüber der britischen Tageszeitung *The Guardian* erklärte er, außer der *Financial Times* würden „alle ihre Zeitgenossen“ anerkennen, dass die größten Vermögen am schnellsten gewachsen sind“.[16] Zwar seien die verfügbaren Daten zum Teil „unvollkommen“, doch bleibe seine zentrale Aussage über die wachsende Ungleichheit davon unberührt.

Wenig überraschend folgte eine – zum Teil sehr emotional geführte – kontroverse Debatte. Wirtschaftsnobelpreisträger Paul Krugman sprang seinem Kollegen zur Seite. „Jeder, der glaubt, die ganze Idee von der wachsenden Einkommensungleichheit sei widerlegt, wird mit Sicherheit enttäuscht werden“, schrieb Krugman in seinem Blog.[17]

Es spricht einiges dafür, dass die Grundaussage Pikettys, wonach es einen geringen Anstieg der Vermögens-/Einkommensquote gegeben habe, ebenso eine tendenziell steigende Vermögenskonzentration, trotz der gegebenen Datenprobleme zutreffend ist. Dies zeigen andere Studien und die Tatsache, dass führende Notenbanker und Direktoren des IWF die zunehmende Vermögenskonzentration ebenfalls problematisieren.[18] Bei ihnen könnte die Motivation, wie bereits angedeutet, eine andere sein. Nur durch die Besteuerung von Vermögen wird es möglich sein, die Schuldenkrise zu überwinden.

Mit der Auswertung der gesammelten Daten beschreibt Piketty einen wirtschaftlichen Prozess der Vergangenheit. Um ihn zu erklären und als Basis für seine Prognose der zukünftigen Vermögensentwicklung, entwickelt Piketty ein Modell zur Vermögens-/Einkommensquote und zur Vermögensverteilung. Dieses Modell schauen wir uns im folgenden Kapitel genauer an.

3. Pikettys Weltformel: Warum das Vermögen schneller wächst als das Einkommen

Definitionen:

Wirtschaftswachstum (g) = Wachstum des jährlichen Volkseinkommens gemessen am Bruttoinlandsprodukt; angetrieben durch das Bevölkerungswachstum und die Veränderung des Volkseinkommens pro Kopf, welches von Kapitalaustattung, Bildung und technischem Fortschritt abhängt.

Sparquote (s) = Die Gesamtersparnis eines Landes. Definiert als Bruttoersparnis von privaten Haushalten und Unternehmen abzüglich der Abschreibung auf den vorhandenen Kapitalstock. Nur eine über der Abschreibung liegende Ersparnis führt zu weiterem Vermögenszuwachs.

Kapitalrendite (r) = Ertrag, den das Vermögen pro Jahr erwirtschaftet. Piketty erwartet je nach Vermögenswert zwischen einem und acht Prozent pro Jahr, im Durchschnitt vier bis fünf Prozent real vor Steuern. Dabei gilt: Der Anteil Kapitaleinkommen am Volkseinkommen entspricht der Vermögens-/Einkommensquote multipliziert mit der Kapitalverzinsung. Bei einer Vermögens-/Einkommensquote von 600 Prozent und fünf Prozent Kapitalverzinsung liegt der Anteil der Kapitaleinkünfte am Volkseinkommen bei 30 Prozent (sechsmal fünf Prozent).

Kernaussagen:

Die Sparquote liegt strukturell über der Wachstumsrate der Wirtschaft (s > g), weshalb das Vermögen über die Zeit relativ zum Einkommen anwächst. Auch die Kapitalrendite liegt immer über der Wachstumsrate der Wirtschaft (r > g). Deshalb wächst in einem kapitalistischen System die Vermögens-/ Einkommensquote nachhaltig. Basierend auf diesem Modell, erwartet Piketty bis Ende des 21. Jahrhunderts eine Rückkehr der Vermögens-/Einkommensquote auf frühere Höchststände von 700 Prozent. Da die Besitzer größerer Vermögen eher in der Lage sind, in risikoreichere und damit ertragreichere Vermögenswerte zu investieren und zudem Zugang zu besseren Informationen haben, ergibt sich über die Zeit eine zunehmende Vermögenskonzentration. Auch hier erwartet Piketty eine Fortsetzung des Trends. Allerdings geht er nicht davon aus, dass die Vermögen wieder ähnlich konzentriert sein werden wie in Europa vor dem Ersten Weltkrieg.

Einschätzung:
Die Erkenntnis, dass die Kapitalverzinsung über der Wachstumsrate der Wirtschaft liegt, ist nicht neu. Schon Karl Marx hat diesen Punkt thematisiert – deshalb die Bezugnahme im Titel von Pikettys Buch. Ebenso lange wird aber in der Wirtschaftswissenschaft über die These und die Folgen gestritten. Der vermeintlich zwangsläufige Anstieg der Vermögens-/Einkommensquote ist nämlich gar nicht so zwangsläufig; verschiedene Faktoren wirken dem entgegen. Damit ist Pikettys Erklärungsmodell nicht so überzeugend wie seine Fleißarbeit der Aufbereitung historischer Daten.

Nachvollziehbar sind Pikettys Überlegungen zu den Ursachen der zunehmenden Vermögens- und Einkommenskonzentration. Neben den von ihm angesprochenen sozialen Folgen hat diese Ungleichverteilung auch direkte negative Auswirkungen auf das wirtschaftliche Wachstum, und zwar durch den Wegfall an Nachfrage. Das Problem der parallel zur Zunahme von Vermögen und Vermögenskonzentration stark gestiegenen privaten und öffentlichen Verschuldung blendet er bei seinen Analysen weitgehend aus und übersieht damit einen wesentlichen Aspekt.

3.1 Zusammenfassung des Piketty-Modells zu Vermögens-/Einkommensquote und zunehmender Vermögenskonzentration

Piketty versucht, Antworten auf vier Fragen zu geben:

- Warum steigt die Vermögens-/Einkommensquote in den betrachteten Ländern seit einiger Zeit wieder an?
- Wie weit wird dieser Trend gehen?
- Wie ist das Vermögen verteilt?
- Was ist die Ursache für die zunehmende Konzentration von Vermögen?

Geringeres Wirtschaftswachstum in den kommenden Jahren

Zunächst beschäftigt sich Piketty mit dem Wachstum des Volkseinkommens. Dieses wird von zwei Faktoren getrieben: der Bevölkerungszahl und der Produktivität pro Kopf. Für die Zeit vor 1700 beziffert er das Wirtschaftswachstum der Welt auf 0,1 Prozent pro Jahr, ausschließlich als Folge des Bevölkerungswachstums von ebenfalls 0,1 Prozent pro Jahr. Zwischen 1700 und 1820 beobachtet er ein stärkeres Bevölkerungswachstum (0,4 Prozent p.a.) und einen ersten Anstieg der Wirtschaftsleistung pro Kopf der Bevölkerung (Produktivitätsfortschritt, 0,1 Prozent p.a.), was zu einem Wachstum von 0,5 Prozent pro Jahr führte.

Mit dem Übergang zur kapitalistischen Wirtschaftsform und der industriellen Revolution kam es zu einem deutlichen Anstieg des technologischen Fortschritts und damit des Wirtschaftswachstums. So erhöhte sich das Bruttoinlandsprodukt pro Kopf zwischen 1820 und 1913 um jährlich

0,9 Prozent und seit 1913 um immerhin 1,6 Prozent. Kombiniert mit dem anhaltenden Bevölkerungswachstum waren Wachstumsraten von eineinhalb bis drei Prozent pro Jahr die Folge. Höhere Wachstumsraten, wie nach dem Zweiten Weltkrieg beobachtet, sind dabei eindeutig die Ausnahme. Entweder folgen sie auf eine erhebliche Zerstörung durch Krieg oder Naturkatastrophen oder sind einem temporären Aufholprozess eines Landes geschuldet, wie zuletzt das Beispiel von China zeigte.

Heute stehen wir vor einem tiefgreifenden demografischen Wandel. Das Wachstum der Weltbevölkerung verlangsamt sich, in Europa beginnt die Bevölkerung sogar um 0,1 Prozent pro Jahr zu schrumpfen. Damit wird das nominelle Wachstum zum Teil noch tiefer sein. Dies gilt übrigens auch für Länder wie Japan, deren nominales Bruttoinlandsprodukt seit Jahren stagniert. Die Ursache ist in diesem Fall ein Rückgang der Bevölkerung, der das Wachstum des Einkommens pro Kopf kompensiert. Eine Entwicklung, die auch Deutschland und weiten Teilen Europas bevorsteht.

Für die Zukunft erwartet Piketty eine Fortsetzung dieses Trends. Fundamentale technologische Schübe seien nicht zu erwarten und somit kein ungewöhnlich hohes Pro-Kopf-Wachstum. Deshalb arbeitet er mit einer Wachstumsrate von 1,2 Prozent pro Einwohner für die Industrieländer und betont, dass er diese für optimistisch hält. Andere Beobachter, wie der Ökonom Robert J. Gordon von der Northwestern University, zeigen sich hier deutlich skeptischer.[19]

Der Wachstumsrate der Wirtschaft stellt Piketty die Sparquote (s) gegenüber. Dabei stellt er fest, dass diese strukturell über der Wachstumsrate der Wirtschaft (g) liegt. Alleine aus diesem Faktor ergibt sich eine zunehmende Vermögens-/Einkommensquote: Bei einer gesamtvolkswirtschaftlichen Nettoersparnis (also nach Abschreibungen) von zwölf Prozent pro Jahr – einem Wert, den die Industrieländer durchaus erreichen – und einem Wachstum der Wirtschaft von zwei Prozent pro Jahr ergibt sich langfristig eine Vermögens-/Einkommensquote von 600 Prozent (s/g, also 12/2).

Dabei spielt es eine Rolle, aus welchen Quellen die Ersparnisse gebildet werden. Aus diesem Grund analysiert Piketty zusätzlich die Kapitalverzinsung (r). Es ist eine durchaus realistische Annahme, dass aus Kapitalerträgen mehr zusätzliche Ersparnis gebildet wird als aus Arbeitseinkommen. Wie dargelegt, ist das Vermögen in ganz verschiedene Vermögenswerte investiert, die unterschiedliche Erträge abwerfen. Bankguthaben erbringen nur einen geringen, oftmals sogar real negativen Ertrag, Immobilien einen Ertrag von drei bis vier Prozent pro Jahr und risikoreichere Investitionen wie Unternehmensbeteiligungen einen Ertrag von sieben bis acht Prozent pro Jahr.

Um die durchschnittliche Kapitalverzinsung zu berechnen, wendet Piketty die indirekte Methode an. So betrug im Jahr 2010 der Anteil der Kapitaleinkommen rund 30 Prozent des Volkseinkommens in den Industrieländern. Das Volksvermögen lag wie oben erläutert bei rund 600 Prozent. Dies impliziert eine durchschnittliche Kapitalverzinsung von fünf Prozent (30/600) vor Steuern. Mit Bezug auf die historische Entwicklung hält Piketty fest, dass die Kapitalverzinsung relativ stabil bei vier bis fünf Prozent liegt und nie für längere Zeit unter ein Niveau von zwei bis drei Prozent gefallen ist. Dabei wirken Immobilien als wichtiger Bestandteil des Volksvermögens mit einer relativ konstanten Rendite als Stabilisator.

Piketty sieht neben diesem mathematischen Effekt vor allem in den unterschiedlichen Interessen von Gläubigern und Schuldnern die Ursache für die strukturell höhere Kapitalverzinsung. Letztere sind bereit, einen Preis dafür zu bezahlen, heute über bestimmte Ressourcen verfügen zu können, während die Vermögensbesitzer zugunsten von künftigen Erträgen auf heutigen Konsum verzichten. Diese Motivlage ist in allen Gesellschaften gleich und die Machtverhältnisse zwischen Gläubigern und Schuldnern ebenfalls.

Die Ungleichung r > g führt zu hoher Vermögens-/Einkommensquote

Damit nähern wir uns Pikettys Modell des Vermögenswachstums. Aus der Tatsache, dass das nachhaltige Wachstum von Volkswirtschaften (g) mit ein bis zwei Prozent immer unter der nachhaltigen Kapitalrendite (r) von vier bis fünf Prozent liegt, schließt er auf die Existenz eines fundamentalen Ungleichgewichts: die fundamentale Ungleichung r > g. Dabei betont Piketty, dass dieses Ungleichgewicht nicht die Folge eines „Marktversagens“ ist. Im Gegenteil würden gerade effiziente Kapitalmärkte zu tendenziell höherer Kapitalverzinsung führen.

Auf lange Sicht führt dieses Ungleichgewicht zu einem Anstieg der Vermögens-/Einkommensquote. Dieser Anstieg kann naturgemäß nicht ewig andauern, weil es einen abnehmenden Grenznutzen von zusätzlichem Kapital gibt. Es kommt zu einem Überangebot an Kapital, welches keine attraktiven Anlagemöglichkeiten mehr findet. In der Folge sinkt die Kapitalrendite auf ein neues, tieferes Niveau. Allerdings vollzieht sich dieser Prozess laut Piketty sehr langsam.

Angesichts der zu erwartenden Wachstumsraten von rund eineinhalb Prozent für die Weltwirtschaft (1,2 Prozent für die Industrieländer) in den kommenden Jahrzehnten, gegebener Kapitalverzinsung und Sparquoten von zehn Prozent prognostiziert Piketty bis zum Ende des 21. Jahrhunderts eine weltweite Vermögens-/Einkommensquote von 700 Prozent. Global sähe es dann so aus wie in Europa am Ende des 19. Jahrhunderts, als ebenfalls Vermögens-/Einkommensquoten von 600 bis 700 Prozent bestanden.

Ein großes Vermögen relativ zum Volkseinkommen muss nicht problematisch sein. Man kann im Gegenteil argumentieren, dass es Europa zum Ende des 19. Jahrhunderts relativ gesehen nicht schlecht ging.

Zugleich zunehmende Vermögenskonzentration

Piketty stört jedoch, dass nicht nur große Vermögen entstehen, sondern diese zunehmend ungleich in der Bevölkerung verteilt sind: „Derzeit, in den ersten 2010er Jahren, besitzen die reichsten zehn Prozent rund 60 Prozent des nationalen Vermögens der meisten europäischen Länder, insbesondere in Frankreich, Deutschland, Großbritannien und Italien. Die auffallendste Tatsache ist, dass in all diesen Gesellschaften die Hälfte der Bevölkerung so gut wie nichts besitzt: Die ärmsten 50 Prozent besitzen weniger als zehn Prozent des nationalen Vermögens und im Allgemeinen sogar weniger als fünf Prozent. Laut den jüngsten veröffentlichten Zahlen (für 2010 bis 2011) verfügen in Frankreich die reichsten zehn Prozent über 62 Prozent des gesamten Vermögens, während die ärmsten 50 Prozent nur vier Prozent besitzen. In den Vereinigten Staaten belegt die jüngste Umfrage der Federal Reserve, die sich auf dieselben Jahre bezieht, dass das oberste Zehntel 72 Prozent des amerikanischen Vermögens besitzt, während die untere Hälfte nur zwei Prozent für sich beanspruchen kann. Beachten Sie jedoch, dass diese Quelle wie die meisten Umfragen, bei denen es um eine Selbsteinschätzung des Vermögens geht, die größten Reichtümer unterschätzt.“[20]

Die Ursachen dafür sind vielfältig. Zum einen ist die Einkommensverteilung ungleich. Deshalb können die 50 Prozent der Bevölkerung mit den geringsten Einkommen keinerlei Kapital bilden, weil für sie keine Ersparnis möglich ist. Zum anderen besteht auch in der Gruppe der Besserverdiener eine deutliche Konzentration der Einkommen: In Ländern, wo das Arbeitseinkommen am gleichmäßigsten verteilt ist, so wie es etwa in den skandinavischen Ländern zwischen 1970 und 1990 war, erhalten zehn Prozent der Bestverdienenden ungefähr 20 Prozent der Gesamtgehälter und die untersten 50 Prozent ungefähr 35 Prozent. In Ländern, in denen die Gehaltsungleichheit durchschnittlich ist, darunter die meisten europäischen Länder (wie zum Beispiel Frankreich und Deutschland), beansprucht die erste Gruppe 25 bis 30 Prozent der Gesamtgehälter für sich und die zweite etwa 30 Prozent. In den Ländern mit der größten Ungleichheit, wie etwa in den USA der frühen 2010er Jahre, erhält das oberste Zehntel 35 Prozent der Gesamtsumme, während die untere Hälfte nur 25 Prozent bekommt.[21]

Hinter der starken Veränderung der Einkommensverteilung in den USA steht die geänderte Politik seit den 1980er Jahren, die zu geringerer Besteuerung von Kapitaleinkünften und Spitzengehältern führte. Hinzu kommen geänderte Vergütungsmodelle in börsennotierten Unternehmen, wo die Ausgabe von Aktienoptionen nicht nur zu deutlich höheren Gehältern geführt hat, sondern auch zu einer Abkoppelung von der allgemeinen Lohnentwicklung und einer hohen Korrelation mit den Aktienmärkten.[22] Andere

Beobachter betrachten die steigenden Vergütungen im Finanzsektor als wesentlichen Treiber dieser Entwicklung. In der Tat zeigen Studien, dass die Vergütung von Bankern – relativ zu der von anderen Angestellten – seit Beginn der 1990er Jahren dramatisch gestiegen ist.[23]

Wesentlich ist, dass man zunächst über Vermögen verfügen muss, um Kapitalerträge zu erzielen. Hinzu kommt, dass größere Vermögen größere Erträge abwerfen und bei gegebenem Konsum entsprechend zu einem weiteren Zuwachs des Vermögens führen. Bei einem Wirtschaftswachstum von einem Prozent und einer Kapitalrendite von fünf Prozent genügt es, ein Fünftel des Kapitaleinkommens zu sparen – und das Vermögen wächst mit der gleichen Rate wie das Volkseinkommen. Spart man mehr, wächst das Vermögen entsprechend stärker. Hinzu kommt, dass die Besitzer großer Vermögen im Schnitt höhere Renditen erzielen können als die Besitzer kleinerer Vermögen. Sie haben Zugang zu anderen Anlageformen, können in der heutigen Welt global investieren und größere Risiken eingehen. Die Möglichkeit, Experten für Geldanlage und Steueroptimierung hinzuzuziehen, trägt zu höheren Kapitalerträgen der relativ Vermögenderen bei.

Erbschaften immer bedeutender

Ein weiterer Aspekt der zunehmenden Vermögenskonzentration ist der wachsende Anteil ererbten Vermögens. Wie die Einkommen sind die Erbschaften nicht gleich verteilt.

Während einige überhaupt nichts erben, was zumeist dieselben Personen sind, die sich am unteren Ende der Gehaltsskala befinden, erben andere große Vermögen. Damit führen Erbschaften nicht nur zu größerer Ungleichheit, sondern auch zu deren Fortführung – das ist ein Punkt, den Piketty besonders kritisch sieht. Seit den 1980er Jahren wachsen die Erbschaften mit der längeren Lebenserwartung und gleichzeitig geringeren Anzahl der Kinder (=Erben) in Frankreich, Deutschland und Großbritannien deutlich an. Für Frankreich schätzt Piketty den Wert von Erbschaften auf derzeit rund 15 Prozent des jährlichen Volkseinkommens – ein erheblicher Betrag.

Damit machte ererbtes Vermögen im Jahre 2010 zwei Drittel des privaten Vermögens aus, während nur ein Drittel aus Ersparnissen selbst gebildet wurde. Basierend auf dieser Erkenntnis prognostiziert Piketty einen weiteren Anstieg des Anteils der ererbten Vermögen auf 70 Prozent im Jahre 2020 und sogar 90 Prozent um das Jahr 2050 herum. Damit wäre wiederum ein Wert wie zuletzt am Ende des 19. Jahrhunderts erreicht.

Länder mit deutlich schrumpfender Bevölkerung wie Deutschland, Spanien und Italien werden gemäß dieser Logik einen besonders drastischen Anstieg der ererbten Vermögen erleben. Dass der Wert der Erbschaften und vor allem die Kapitalrendite bei schrumpfender Bevölkerung auch fallen dürfte, blendet Piketty dabei allerdings aus!

Hinter dieser Entwicklung steht das geringe zu erwartende Wirtschaftswachstum, wodurch die soziale Vermögensmobilität durch Ersparnis aus Einkommen erschwert wird. Piketty sieht dies sehr kritisch und seine Sicht der politischen Folgerungen erinnert an die Überlegungen von Karl Marx, wonach Vermögen Macht bedeute. So schreibt er:

„Unsere demokratischen Gesellschaften beruhen auf einer leistungsorientierten Weltanschauung, oder zumindest auf einer leistungsorientierten Hoffnung, womit ich den Glauben an eine Gesellschaft meine, in der Ungleichheit eher auf Verdiensten und Bemühungen beruht als auf Verwandtschaftsverhältnissen und Zinsen. Dieser Glaube und diese Hoffnung spielen in der modernen Gesellschaft eine sehr wichtige Rolle, und zwar aus einem einfachen Grund: In einer Demokratie steht die erklärte Gleichheit der Rechte aller Bürger in einem deutlichen Gegensatz zur der sehr realen Ungleichheit der Lebensbedingungen, und um diesen Widerspruch zu überwinden, ist es wichtig, dafür zu sorgen, dass soziale Ungleichheiten sich aus rationalen und universellen Prinzipien ableiten statt aus zufälligen Gegebenheiten. Ungleichheiten müssen daher für alle gerecht und nützlich sein, wenigstens auf der Diskursebene, möglichst jedoch auch in der Realität.“[24]

Eine Gesellschaft der „Rentiers“ (Menschen, die nur von ihren Kapitalerträgen leben) ist demnach weitaus ungerechter als eine Gesellschaft von Unternehmern, die ihre Vermögen selber erworben haben. Verschärfend dürfte wirken, dass Globalisierung und internationaler Wettbewerbsdruck auch in Zukunft zu einer weiteren starken Spreizung der Einkommen führen werden. Eine kleine Elite wird weiterhin sehr gut verdienen und damit das Ungleichgewicht in der Gesellschaft verstärken.

Pikettys Sicht der Welt

Damit lässt sich die Analyse von Piketty so zusammenfassen: Aufgrund der ungleichen Einkommensverteilung kann nur die obere Hälfte der Gesellschaft durch Ersparnis Vermögen bilden. Besonders viel Ersparnis können dabei die Spitzenverdiener bilden. Die Rendite von Kapital liegt strukturell über der Wachstumsrate des Volkseinkommens, was zu einem anhaltenden Anstieg der Vermögens-/Einkommensquote führt. Von diesem Zuwachs profitieren naturgemäß nur die Vermögensbesitzer und dabei vor allem jene mit den größten Vermögen, weil sie überdurchschnittlich renditeträchtig investieren können. Immer mehr Vermögen werden vererbt und damit innerhalb von Familien weitergegeben. Die Folge ist eine zunehmende Vermögenskonzentration, die in Kombination mit der nachhaltigen Spreizung der Einkommen die Grundlagen der Demokratie gefährdet.

3.2 Was ist dran an Pikettys Modell?

Die Kapitalrendite kann nicht dauerhaft über dem Wachstum der Wirtschaft liegen

Die von Piketty eingeführte Formel r > g, mit der er ein automatisches Anwachsen der Vermögen relativ zum Einkommen erklärt und es für die Zukunft fortschreibt, ist kein neues Konzept. Schon Karl Marx hatte dies thematisiert, und es war ein wesentlicher Baustein der Theorie der zunehmenden Vermögenskonzentration bei gleichzeitiger Verarmung der Massen.

Obwohl diese Hypothese durch die von Piketty gesammelten Daten im Betrachtungszeitraum scheinbar gestützt wird, muss sie dennoch in Frage gestellt werden. Läge die Kapitalrendite wirklich dauerhaft über dem Wachstum der Wirtschaft, müsste die Gewinnquote auf 100 Prozent des BIP steigen. Alleine dieser Hinweis genügt, um zu zeigen, dass die These falsch ist. Die Rendite für Kapital wird zwangsläufig sinken, weil es nicht mehr die erforderliche Nachfrage gibt, um das Warenangebot abzunehmen.

Auf diesen abnehmenden Effekt der zusätzlichen Kapitalbildung weist Piketty zwar durchaus hin, geht aber davon aus, dass er erst sehr langsam seine Wirkung entfaltet. Die Mehrheit der herrschenden Volkswirtschaftslehre sieht hingegen einen deutlich rascheren Abfall des Grenznutzens.

Die Wachstumstheorie geht davon aus, dass die Kapitalverzinsung langfristig der Wachstumsrate des Volkseinkommens entspricht. Damit pendelt sich die Vermögens-/Einkommensquote auf einem stabilen Niveau ein. Piketty erwartet letztlich eine Konvergenz zu einem Niveau von 700 Prozent bis zum Ende des Jahrhunderts unter Fortschreibung gegebener Trends.

Hans-Werner Sinn, Präsident des Münchner ifo Instituts für Wirtschaftsforschung, erläutert die mathematische Gesetzmäßigkeit hinter der Konvergenz von Kapitalverzinsung und Wirtschaftswachstum in einem Gastbeitrag für die *Frankfurter Allgemeine Zeitung* anhand eines einfachen Beispiels: „Die Gesetzmäßigkeit liegt darin begründet, dass eine jede wachsende Größe auf die Dauer nur mit der Rate wachsen kann, mit der auch ihr Zuwachs wächst. Man betrachte als Beispiel das Aufschütten eines Erdhaufens. Pro Periode wird ihm eine Schaufel Erde hinzugefügt, aber die Schaufel wird von Periode zu Periode um einen bestimmten Prozentsatz vergrößert. Dann konvergiert die prozentuale Wachstumsrate der Menge an Erde, die auf dem Haufen liegt, gegen die Wachstumsrate der Schaufelgröße. Setzt man die Menge an Erde auf der Schaufel mit der laufenden Ersparnis der Volkswirtschaft und die Größe des Erdhaufens mit dem Vermögen gleich, folgt die langfristige Konstanz der Relation von Vermögen und Einkommen, wenn aus dem Einkommen ein fester Anteil gespart wird."[25] Allerdings kann es temporär durchaus zu Abweichungen kommen.

Interessanterweise ist die Annahme nachhaltig über der Wachstumsrate liegender Kapitalrenditen selbst nach Pikettys eigenen Daten zunächst nur eine Hypothese.[26] Dazu müssen wir uns die Daten genauer anschauen: Über den Zeitraum der vergangenen 2000 Jahre schätzt Piketty die Kapitalrendite (r) vor Steuern auf vier bis fünf Prozent pro Jahr. Die Wachstumsrate der Wirtschaft blieb immer unter diesem Wert, selbst in den Boomjahren der Nachkriegszeit. Nach Steuern lag die Kapitalrendite seit dem Ersten Weltkrieg bis heute unter der Wachstumsrate. Für die kommenden Jahre erwartet Piketty geringeres Wirtschaftswachstum, jedoch weiter steigende Kapitalrenditen nach Steuern bei zugleich stabilen Vorsteuerrenditen.

Eine Begründung für die stabilen Vorsteuerrenditen trotz geringem Wirtschaftswachstums bleibt er schuldig. Er verweist lediglich auf die historische Erfahrung, wobei diese mehr auf Anekdoten als auf Fakten basiert. Aus der Tatsache, dass üblicherweise bestimmte Renditen vereinbart wurden – zum Beispiel für die Pacht von Land –, auf eine tatsächlich erzielte Gesamtrendite von Kapital in einer Volkswirtswirtschaft zu schließen, ist eine sehr großzügige Annahme. In Wirklichkeit gibt es Forderungsausfälle und andere Vermögenseinbußen. Viel realistischer ist, dass die Kapitalrendite genauso wie die Wachstumsrate der Wirtschaft fällt. Dafür spricht auch die demografische Entwicklung. Nehmen wir das Beispiel Spanien: Der für die kommenden Jahrzehnte erwartete Bevölkerungsrückgang wegen geringer Geburtenraten und Abwanderung ist so dramatisch wie zuletzt vor 650 Jahren nach der großen Pest. Die Erwartung, dass dies keine Auswirkungen auf den Wert spanischer Immobilien hat, mag durchaus heroisch sein, ist aber naiv. Gleiches gilt auch für Deutschland.[27]

Vier bis fünf Prozent Kapitalrendite sind unrealistisch

Neben der theoretischen Diskussion zum realistischen Niveau der Kapitalrendite lohnt sich gerade im Jahr sechs der noch immer ungelösten Finanz- und Eurokrise ein Blick auf die Realität an den Kapitalmärkten. Um einen Kollaps des weltweiten Finanzsystems und des Euros zu verhindern, haben die führenden Notenbanken der Welt in historisch einmaliger Weise interveniert. Durch drastische Zinssenkung – im Falle der EZB kürzlich sogar in den negativen Bereich – und den massiven Aufkauf von Wertpapieren (= Vermögenswerten) haben sie einen Einbruch an den Finanzmärkten und eine Vermögensvernichtung wie während der Großen Depression der 1930er Jahre verhindert. Damit wurden die Vermögenden gerettet.

Die Märkte für Staats- und Unternehmensanleihen und Aktien notieren als Folge der Liquiditätsschwemme auf historischen Rekordwerten. Die Kehrseite einer solch hohen Bewertung ist jedoch, dass die künftigen Renditen eher tiefer ausfallen werden. Auf Dauer können Aktien beispielsweise nur dann im Kurswert steigen, wenn die zugrundeliegende Profitabilität steigt. Kurzzeitig kann die Börse zwar höhere Preise für ein bestimmtes Gewinnniveau bezahlen

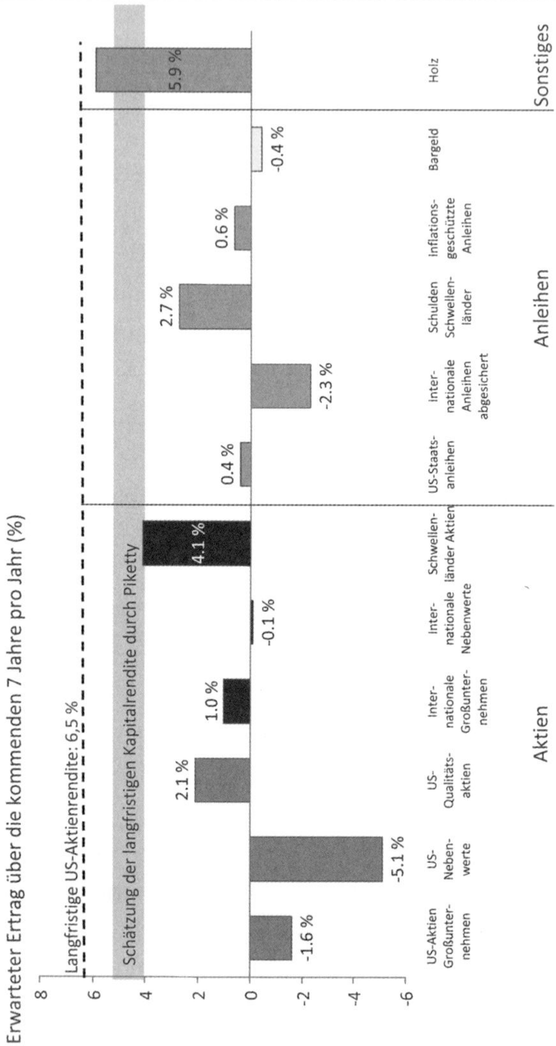

Abbildung 3: Erwartete Rendite verschiedener Vermögenswerte

Annahme: US-Inflation wird auf langfristige Rate von 2,2 % über 15 Jahre zurückkehren. Stand: 28. Februar, 2014, Quelle: GMO LLC

– auf Dauer können die Preise aber nicht steigen, ohne dass die Gewinne ebenfalls wachsen. Diese wird wiederum vom Wirtschaftswachstum (niedrig, wie wir gesehen haben) und der Gewinnquote (kann nicht ewig steigen) bestimmt. Auf welche Realrenditen sich Investoren einstellen müssen, zeigt unter anderem die Projektion des renommierten Bostoner Vermögensmanagers GMO:[28]

Von den US-Aktien wird lediglich das Segment der Qualitätswerte (geringe Verschuldung, stabile Cashflows (Mittelzuflüsse), stabiles Geschäftsmodell) eine positive Rendite abwerfen. Auf den internationalen Aktienmärkten scheinen demnach Aktien aus den Schwellenländern attraktiv. Gleiches gilt für die Anleihenmärkte dieser Länder, während die Anleihen der anderen Länder nur Verluste versprechen. Für Holz erwarten die Anlageprofis eine Sonderkonjunktur. Entscheidend ist bei dieser – keinesfalls als Anlageempfehlung zu verstehenden – Simulation, dass mit keinem Portfolio ein Ertrag erzielt wird, der in die Nähe der von Piketty postulierten vier bis fünf Prozent Rendite kommt. Es sieht vielmehr danach aus, dass die Investoren mit einer Rendite von ein bis zwei Prozent vor Steuern rechnen können. Das wäre dann nicht mehr weit von der von Piketty prognostizierten Wachstumsrate von 1,2 Prozent pro Jahr für die Industrieländer entfernt. Nach Steuern liegt die Rendite für Vermögensbesitzer unter der Wachstumsrate der Wirtschaft. „Sparer schaffen keinen ökonomischen Nutzen mehr.“ Deshalb: „Lasst sie uns mit billigem Geld plattmachen.“ Das sagt nicht irgendjemand, sondern der führende Kommentator der *Financial Times*, Martin Wolf.[29]

Piketty überschätzt die Ersparnis

Doch nicht nur die Kapitalrendite liegt nach allen zur Verfügung stehenden Informationen unter dem von Piketty angenommenen Niveau. Der Anteil der Kapitalerträge, die reinvestiert werden und damit zu einem weiteren Anstieg der Vermögen führen, dürfte ebenfalls deutlich geringer sein, weil immer ein Teil zum Konsum verwendet wird. Zum anderen wird der „Ertrag" von selbstgenutzten Immobilien – die gesparte Miete – direkt wieder konsumiert. Man muss sich das so vorstellen, als würde der Immobilienbesitzer Miete an sich selbst zahlen und die Mietzahlungen aus eben diesen Mieterträgen bestreiten. Der Zuwachs des Kapitals aus Ersparnis von Erträgen wäre dann null. Der erhebliche Anteil, den selbstgenutzte Immobilien in den meisten Ländern (weniger in Deutschland) am Gesamtvermögen haben, führt schon zu einer geringeren Nettowachstumsrate der aus gesparten Kapitaleinkommen gespeisten Vermögen. Richtig ist natürlich, dass diese Mechanik eine weitere Vermögenskonzentration begünstigt, weil der Anteil der selbstgenutzten Immobilie am Gesamtvermögen bei größeren Vermögen immer geringer wird.

So gesehen ist es keineswegs so sicher, dass wir vor einem ungebremsten Anstieg der Vermögens-/Einkommensquote stehen. Doch selbst wenn Piketty mit seiner Projektion

Recht behielte, muss dies keineswegs ein Problem sein. Eine Welt, in der die Weltvermögen 700 Prozent des Weltvolkseinkommens wert sind, ist eine Welt, die von Kriegen und Naturkatastrophen verschont geblieben ist. Ein durchaus erfreuliches Szenario – aber realitätsfern!

Zunehmende Vermögenskonzentration

Problematischer kann eine zunehmende Ungleichverteilung der Vermögen sein, die Piketty vor allem als soziales Problem sieht. Das Phänomen der Vermögenskonzentration ist dabei nicht neu. Hatten bei der Gründung Roms alle Bürger die gleiche Startausstattung mit Grund und Boden („Roma quadrata"), so konzentrierte sich schon wenige Jahrzehnte später das Vermögen auf wenige Familien. Offensichtlich waren nicht alle Bürger gleich erfolgreich in der Verwaltung ihres Startvermögens. Misswirtschaft oder Pech wie schlechte Ernten führten zu einem Prozess steigender Vermögenskonzentration. Folgen waren zunehmende soziale Spannungen, Geldentwertung und Niedergang. Schon im Altertum haben die mesopotamischen Könige Ähnliches beobachtet und einen drastischen Schluss gezogen. Alle 30 Jahre kam es zu einem völlig Neustart durch Neuverteilung des vorhandenen Grund und Bodens und die Annullierung aller Schulden. Die Bibel beschreibt dies als Erlass- oder Jubeljahr. Die Jubeljahre führten jedoch zu einem Anstieg des Zinsniveaus, so dass am Ende in Mesopotamien alle drei Jahre ein Neustart erforderlich war.

Die wirtschaftliche Freiheit und die enorme Innovationskraft unserer Wirtschaftsordnung – die auf geschütztem Privateigentum basiert – bedingt, dass es erfolgreichere und weniger erfolgreiche Wirtschaftsteilnehmer gibt. Die Vermögensverteilung ist nur ein Symptom dieser Entwicklung, und jene, die wie der Harvard-Professor Gregory Mankiw die ungleiche Vermögensverteilung als Anreiz und Belohnung für herausragende Leistungen sehen, beleuchten sicherlich einen zutreffenden Aspekt.[30] Dabei ist angesichts der fortschreitenden Globalisierung (= weltweiter Lohnwettbewerb) und Automatisierung (= Ersatz von immer mehr Arbeitsplätzen durch Maschinen, zum Beispiel durch Einsatz von Robotern und 3D-Druckern) mit noch mehr Druck auf Löhne und Arbeitsplätze zu rechnen. Die Einkommensunterschiede wachsen eher noch weiter an.

Die Wirkung der demografischen Entwicklung

Die demografische Entwicklung hat ebenfalls eine erhebliche Wirkung auf die gemessene Ungleichverteilung von Vermögen. Der Soziologe und Demografieexperte Professor Gunnar Heinsohn von der Universität Bremen bringt es mit einem Beispiel auf den Punkt: „Besteht eine Nation aus zwei Ehepaaren A und B, von denen jeder Partner eine Million Vermögen hat, besteht zwischen den vier Betroffenen vollkommene Vermögensgleichheit. Betrachtet man diese Nation eine Generation später, gibt es nach einem typischen Bevölkerungsrückgang aufgrund der Geburtenverminderung gerade bei den hochqualifizierten Leistungsträgern nur noch drei Bürger, von denen einer über ein Vermögen von zwei Millionen verfügt, während die beiden anderen jeweils bei einer Million verharren.

Beim Zweifachmillionär handelt es sich um das einzige Kind von Ehepaar A, dem das volle Erbe zugefallen ist. Bei den beiden Einfachmillionären handelt es sich um die beiden Kinder von Ehepaar B, die sich das elterliche Erbe teilen mussten. Ein schleichendes Gefühl der Ungerechtigkeit breitet sich aus. Aus einem rein demografischen Grund ist eine dramatische Ungleichverteilung des Reichtums eingetreten. Ein schmales Drittel der Bevölkerung hält plötzlich die runde Hälfte aller Vermögen (zwei Millionen von vier Millionen).

Betrachten wir eine zweite Nation, die neben unseren zwei Ehepaaren A und B auch noch zwei arme Bürger aufweist. Die beiden sind ohne Vermögen, das sie verkaufen oder für einen Kredit verpfänden könnten, um über diese Wege liquide zu werden. Mangels Qualifikation können sie auch keine Geldeinkommen für den Erwerb eigenen Vermögens erzielen. Aufgrund ihrer Hilf- und Mittellosigkeit beziehen sie Sozialhilfe-Einkommen von den vier Reichen. Die können den erforderlichen Betrag aus ihrem Einkommen überweisen, so dass nur dieses sinkt, ihr Vermögen aber ungeschmälert bleibt.

Sehr schnell bekommen die beiden Armen sechs Kinder. Zwar werden sie vermögenslos geboren. Aber bei der

Menschenwürde stehen sie mit den Reichen von Beginn an gleich. Damit haben sie in den modernen Sozialstaaten Anspruch auf einen Teil der Erträge aus deren Vermögen. Statt bisher lediglich zwei beziehen die Armen deshalb jetzt acht und – für die Verbesserung der Lebensbedingungen – zugleich um drei Prozent erhöhte Sozialhilfe-Einkommen.

Die acht Armen stehen beim Prokopfeinkommen jetzt drei Prozent besser da als zuvor. Die vier Reichen behalten zwar jeweils eine Million Vermögen, stehen aber beim laufenden Einkommen schlechter da, weil sie an die acht Armen Sozialbezüge abtreten müssen.

Obwohl es den Armen besser geht und die Reichen mehr abgeben sowie niemand etwas Böses getan hat, kommt es aus rein demografischen Gründen zu einer Intensivierung der Vermögenskonzentration. Halten vor Fortpflanzung der Armen zwei Drittel der Bevölkerung (die vier Reichen gegenüber den beiden Armen) 100 Prozent aller Vermögen, so fallen nunmehr 100 Prozent aller Vermögen auf nur noch ein Drittel aller Bürger. Hingegen stehen nicht mehr nur 33, sondern plötzlich volle 66 Prozent vermögenslos da. Forderungen nach einer General-Debatte über die echten oder vermeintlichen Gefahren ungerecht verteilten Vermögens lassen dann nicht auf sich warten."[31]

Pikettys Hypothesen zur zunehmenden Vermögenskonzentration leuchten demzufolge ein. Nur wer genug verdient, um sparen zu können, kann Vermögen bilden. Nur wer

Vermögen hat, kann Kapitalerträge erwirtschaften, und je größer das Vermögen, desto höher die Renditechancen bei der Kapitalanlage. Erbschaften verstärken diesen Trend. Ohne korrigierende Eingriffe wie Besteuerung und gute Ausbildung der breiten Bevölkerung wird es zu einem anhaltenden Prozess zunehmender Vermögenskonzentration kommen.

Zunehmende Konzentration der Vermögen wirkt negativ auf Wachstum

Eine zunehmend ungleiche Vermögens- und Einkommensverteilung führt zu einer Abschwächung der wirtschaftlichen Dynamik. Diesen Umstand diskutiert die Wirtschaftswissenschaft zur Zeit unter dem Stichwort der „säkularen Stagnation", ein Begriff, den der Harvard-Ökonom und ehemalige US-Finanzminister Lawrence Summers erneut in die Diskussion gebracht hat.[32] Demzufolge leidet die Welt an einem Ersparnisüberhang. Immer mehr Ersparnisse werden angeboten, führen aber zu keiner entsprechenden Nachfrage für Investitionen. Da diese Ersparnisse auch nicht in den Konsum fließen, sind immer geringere Kapitalerträge und zunehmende Spekulation an den Finanzmärkten die Folge. Dahinter steht die Gesetzmäßigkeit, dass durchschnittliche Arbeitnehmer einen höheren Anteil ihrer Einkommen konsumieren als die Spitzenverdiener und Vermögensbesitzer. Je mehr die Einkommen und Vermögen konzentriert sind, desto mehr Nachfrage fehlt und desto mehr Ersparnis sucht attraktive Anlagemöglichkeiten.

Summers' Lösungsvorschlag lautet: Die Notenbanken sollen die Zinsen in den negativen Bereich treiben und die Staaten mehr Schulden machen, um über Investitionen das Wachstum anzukurbeln. Damit hätten wir den Zustand der deutlich abnehmenden Kapitalrentabilität bereits erreicht.

Vermutlich wäre die Kapitalrendite schon viel früher gesunken. Angesichts der stagnierenden Einkommen der breiten Mittelschicht seit den 1980er Jahren wurde die Nachfrage und damit die Kapitalrendite nur dadurch aufrechterhalten, dass die Konsumenten statt aus Einkommen auf Kredit konsumierten. Genau dies wurde in den vergangenen 30 Jahren zunehmend gemacht, weshalb ein Vermögenswachstum, wie wir es in den letzten Jahrzehnten erlebt haben, ohne entsprechendes Schuldenwachstum gar nicht realisierbar gewesen wäre. Während in den USA die Politik die Verschuldung der Privathaushalte auf jede erdenkliche Weise gefördert hat, haben in Europa die Staaten Schulden angehäuft, um über Ausgaben und Sozialleistungen die Wirtschaft zu stimulieren.

Piketty unterschätzt die Wirkung von Schulden

Angesichts der Finanzkrise von 2008, deren Folgen uns noch heute beschäftigen, ist es erstaunlich, dass die stark gestiegene Verschuldung bei Piketty nur am Rande Beachtung findet. Im Stichwortverzeichnis wird bei „Schulden" auf „Staatsschulden" verwiesen. Und diese behandelt Piketty entweder im Zusammenhang mit der Vermögensvernichtung durch Besteuerung und Inflation zum Abbau der Staatsschulden nach den beiden Weltkriegen oder als Folge des von ihm begrüßten Ausbaus des Sozialstaats nach der Großen Depression. Dabei betont er die der Staatsschuld gegenüberstehenden privaten Vermögen, was später zu seinen Überlegungen der Besteuerung derselben führt. Die stark gestiegene private Verschuldung blendet er in diesem Zusammenhang jedoch völlig aus. Lediglich am Rande bespricht er den beeindruckenden Zuwachs an Finanzvermögen und -schulden.[33] Ansonsten ist Piketty immer in einer Nettowelt unterwegs und zieht von den Bruttowerten der Vermögen die Schulden ab, um zu den Nettovermögen zu kommen.

Damit verkennt er einen entscheidenden Zusammenhang: Das Wachstum von Vermögen und Vermögenskonzentration ist nur eine Seite der Medaille. Spiegelbildlich zu den Vermögen sind auch die Schulden gewachsen. Zwar ist ein überwiegender Teil der Vermögen Eigenkapital, ein weiterer Teil sind jedoch Forderungen. Beispiel Deutschland: Das Vermögen der Deutschen wird auf zwölf Billionen Euro geschätzt, davon entfallen sechs Billionen auf Immobilien, eine Billion auf Gebrauchsgüter und immerhin fünf Billionen sind Geldvermögen. Das ist jedoch nicht unter dem Kopfkissen, sondern zum großen Teil bewusst oder unbewusst verliehen. Leider sind wir keine cleveren Kreditgeber, denn unsere Schuldner sind nicht immer in der Lage, ihren Verpflichtungen nachzukommen – siehe die enormen Verluste deutscher Banken mit

Immobilienfinanzierungen in den USA und die noch offene Rechnung für die Eurokrise.[34]

Wir haben es nicht nur mit einem Ersparnisüberhang, sondern auch mit einem Schuldenüberhang zu tun. Es ist kein Zufall, dass der deutliche Anstieg von Vermögen und Schulden seit den 1970er Jahren parallel verläuft. Seit 1980 hat sich die Verschuldung von Staaten, Unternehmen und privaten Haushalten in den Industrieländern nach einer Studie der Bank für Internationalen Zahlungsausgleich relativ zum BIP von 160 Prozent auf über 340 Prozent mehr als verdoppelt. Inflationsbereinigt haben die Nicht-Finanzunternehmen mehr als dreimal, die Staaten mehr als viermal und die privaten Haushalte mehr als sechsmal so viele Schulden wie im Jahr 1980.[35]

Die Abbildungen 4 und 5 (S. 74/75) stellen die Entwicklung gegenüber.

Die Verschuldung ist im genannten Zeitraum in allen Ländern deutlich gestiegen. Deutschland zeigt sich im Vergleich noch am solidesten. Spitzenreiter ist Japan, wo man die Folgen einer Politik, eine durch zu hohe Schulden ausgelöste Krise durch noch mehr Schulden zu bekämpfen, beobachten kann.

Dabei sind Schulden nicht per se schlecht, sofern sie zu produktiven Zwecken verwendet werden: zur Investition in neue Anlagen, zur Finanzierung von Forschung und

Innovation. Konsum auf Kredit ist auch in Ordnung, solange der Schuldner die Absicht hat, die Schulden wieder zurückzuzahlen, vereinfacht gesagt: wenn Schulden zu einer Mehranstrengung führen und damit das Einkommen und gesamtwirtschaftlich das BIP steigern. Dann wachsen Schulden und BIP mit der gleichen Rate. Problematisch wird es dann, wenn Schuldner nicht das erforderliche Mehrprodukt erzeugen, zum Beispiel weil sie auf eine weitere Wertsteigerung der Immobilie hoffen, die sie auf Kredit gekauft haben. Nur wenn es einen späteren Käufer gibt, der den ursprünglichen Kaufpreis zuzüglich Zins und Zinseszins bezahlt, kann der Schuldner seinen Verpflichtungen nachkommen.

Der verstorbene Hyman Minsky, Professor für Wirtschaftswissenschaften an der Washington University, St. Louis, prägte hierfür den Begriff der **Ponzi-Finanzierung** nach Charles Ponzi, einem italienischen Immigranten, der nach dem ersten Weltkrieg in den USA einen großangelegten Betrug organisierte. Mit dem Versprechen hoher Renditen lockte er Investoren an. Doch statt das Geld wie versprochen zu investieren, finanzierte er seinen aufwendigen Lebensstil. Die ersten Anleger wurden aus den Zahlungen der Folgeinvestoren bedient. Nach zehn Monaten flog der Betrug auf.

Wie weit wir uns von einer soliden Wirtschaft entfernt haben, zeigen folgende Zahlen am Beispiel Großbritanniens: Dort haben sich die Hypotheken und Kredite an Immobilien- und Finanzunternehmen seit 1990 von 33 Prozent

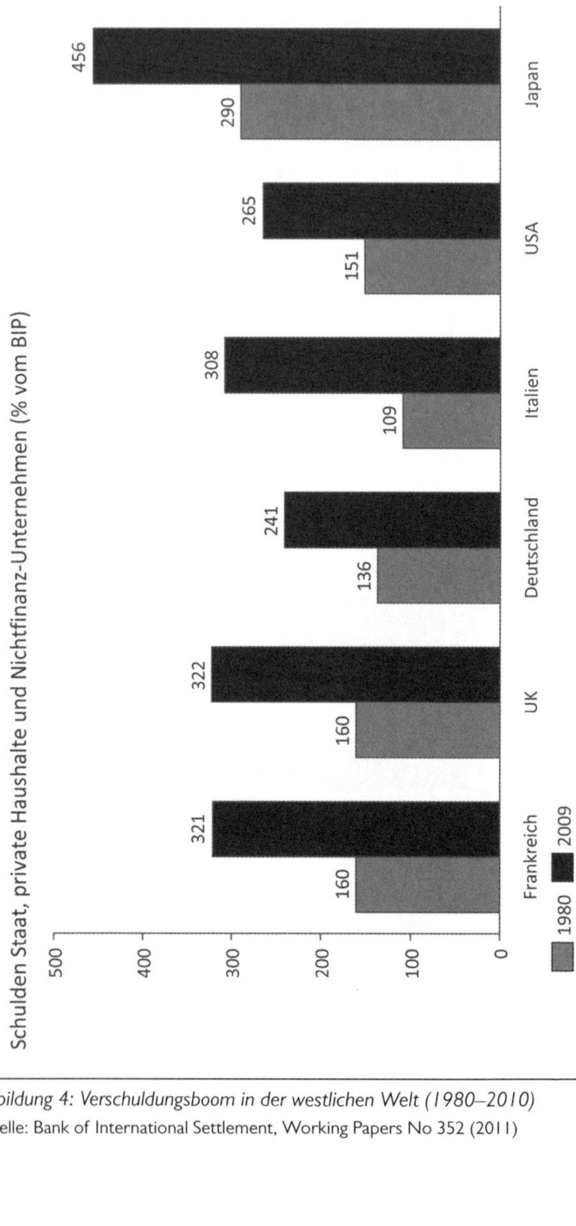

Abbildung 4: Verschuldungsboom in der westlichen Welt (1980–2010)
Quelle: Bank of International Settlement, Working Papers No 352 (2011)

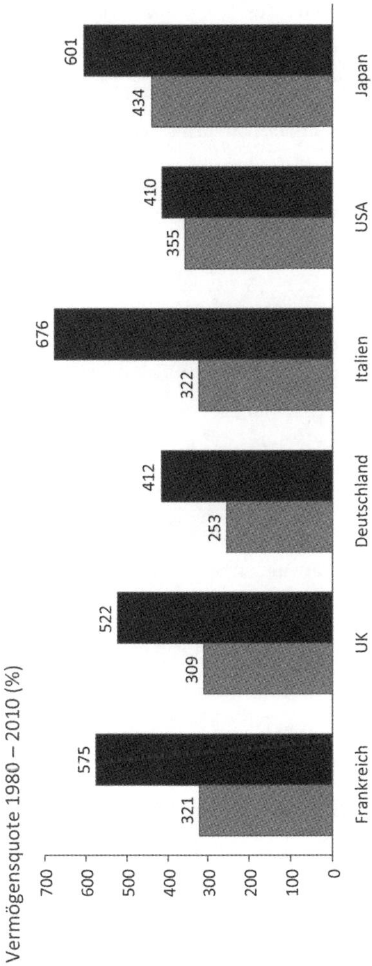

Einkommensquote (als % vom Volkseinkommen)

	Frankreich 1980	Frankreich 2009	UK 1981	UK 2010	Deutschland 1980	Deutschland 2007	Italien 1980	Italien 2009	USA 1980	USA 2012	Japan 1980	Japan 2010
Anteil Top 1%	7,6%	8,1%	6,7%	12,6%	10,7%	12,7%	6,9%	9,4%	8,2%	19,3%	7,2%	9,5%
Anteil Top 10%	30,7%	32,7%	31,0%	38,1%	31,9%	38,1%	27,2%	33,9%	32,9%	48,2%	31,3%	40,5%

Abbildung 5: Zunahme von Vermögen und Vermögenskonzentration (1980–2010)

Anmerkung: Einkommen ohne Kapitalgewinn, außer Deutschland

Quellen: Alvaredo, Facundo, Anthony B. Atkinson, Thomas Piketty and Emmanuel Saez, The World Top Incomes Database, http://topincomes.g-mond.parisschool-ofeconomics.eu/, 06/06/2014

des BIP auf nun 98 Prozent des BIP verdreifacht. Zugleich sind die Ausleihungen an die produktiven Sektoren stabil bei 25 Prozent des BIP geblieben. Englische Banken verleihen damit viermal so viel an unproduktive Sektoren wie an produktive Sektoren der Wirtschaft. [36] Nicht anders sieht es unter anderem in den USA, Australien, Kanada, Holland und Schweden aus.

Der deutliche Schuldenanstieg seit 1980 deutet darauf hin, dass ein immer größerer Teil der Schulden eben **nicht** zu einem Mehrprodukt geführt hat. Konsum, Spekulation und später Zinszahlungen für die bestehenden Schulden mit neuen Schulden standen im Vordergrund.

Piketty beschreibt für denselben Zeitraum den deutlichen Anstieg von Vermögen und Vermögenskonzentration. Dieser ist in Abbildung 5 (S. 75) für denselben Zeitraum dargestellt.

Eine frappierende Parallelität! Es lohnt sich, einen Blick auf die Ursachen und Zusammenhänge dieser beiden Entwicklungen zu werfen.

Schulden und billiges Geld als Treibsatz für Vermögen

Betrachten wir die wirtschaftliche Entwicklung seit den 1970er Jahren: Zunächst kam es zur Abschaffung der Goldbindung des US-Dollars. Damit war die westliche Welt endgültig in einem reinen Papiergeldsystem angekommen.

Die Folge war eine – von der Politik zunächst gewünschte – Inflation. Man hoffte so, Staatschulden zu entwerten und die Arbeitslosigkeit zu bekämpfen. Beides gelang nicht, und so folgte ausgehend von den USA ein Richtungswechsel. Die US-Notenbank Fed erhöhte die Zinsen drastisch, die Wirtschaft stürzte in eine scharfe Rezession und die Aktienbörsen brachen ein. Das Wirtschaftsmagazin *Business Week* sprach gar vom „Tod der Aktie". Ronald Reagan und Margaret Thatcher setzten dann auf Steuersenkungen und Privatisierungen, um die Wirtschaft aus der Stagnation zu befreien. Durchaus mit Erfolg, wobei dank der Deregulierung der Finanzmärkte und weiterer staatlicher Förderung die private Verschuldung deutlich zu steigen begann.

Der Eintritt Osteuropas und Chinas in den Weltmarkt hatte tiefgreifende Folgen für die Weltwirtschaft. Die neuen Anbieter arbeiteten deutlich kostengünstiger und führten zu Lohndruck und höherer Arbeitslosigkeit in den westlichen Industrienationen. Die richtige Reaktion wären verstärkte Investitionen in Bildung und Innovation gewesen. Die Politik hat den bequemeren Weg der Verschuldung bevorzugt. In den USA über stetig steigende Privatverschuldung, in Europa über einen weiter wachsenden Sozialstaat.

Die Inflation war niedrig, was den Notenbanken erlaubte, eine sehr lockere Geldpolitik zu verfolgen, die die Verschuldung und die Spekulation an den Finanzmärkten zusätzlich anheizte. Die Zinsen sanken von einem Niveau von 15 Prozent für dreißigjährige US-Staatsanleihen im Jahre 1981 auf nunmehr drei Prozent im Jahre 2014. Eine solche Senkung des Zinsniveaus führt zwangsläufig zu einer Höherbewertung aller Finanz- und Sachvermögenswerte und dürfte eine der wesentlichen Ursachen hinter der von Piketty diagnostizierten Zunahme der Vermögenswerte in den letzten Jahrzehnten sein. Im einfachen Fall einer fiktiven ewigen Rente von 100 Dollar wäre diese 1981 667 Dollar wert gewesen (100/0,15) und 2014 3.333 Dollar (100/0,03) – immerhin ein Vermögenszuwachs um fast das Fünffache.

Wie immer profitieren von der Schaffung neuen Geldes jene am meisten, die als erste den Zugriff darauf haben. Banken, Hedgefonds und die Private-Equity-Branche verdienten überproportional. Der Ersatz von Eigenkapital durch billige Kredite ergab den gewünschten „Leverage“ für die eigenen Investitionen. Im Jahre 1980 erwirtschaftete der Finanzsektor in den USA rund zehn Prozent aller Unternehmensgewinne. Vor der Finanzkrise waren es beeindruckende 40 Prozent und nach einem deutlichen Einbruch haben sich die Werte wieder auf einen Anteil von rund 30 Prozent erholt. Je höher der Verschuldungsgrad einer Volkswirtschaft, desto mehr Gewinne fallen im Finanzsektor an, der Geld problem- und kostenlos „aus dem Nichts“ schaffen kann. Kein Wunder, dass den Hitlisten der reichsten Menschen überproportional viele Vertreter dieser Branchen angehören.

Studien zeigen zudem, dass die Realwirtschaft in Ländern mit einem großen Finanzsektor weniger Mittel für Investitionen und Innovationen aufwendet.[37] Der Finanzsektor generiert damit nicht den postulierten Mehrwert für die Volkswirtschaft. Im Gegenteil: Je größer der Finanzsektor, desto geringer ist das Wirtschaftswachstum und desto mehr Finanzkrisen treten auf.[38] Die hohen Gewinne und Gehälter im Finanzsektor lassen sich damit nicht rechtfertigen, stellt der britische *Economist* fest.[39] Diese spiegeln letztlich nur die Tatsache, dass von hoher Verschuldung vor allem der Finanzsektor profitiert.

Die Einführung des Euro hat in Europa zudem einen Schuldenboom ausgelöst. Mit Ankündigung der Euroeinführung sind die Zinsen in den anderen Euroländern über Zeit auf das Niveau in Deutschland gesunken. Da die Inflationsraten jedoch noch über jenen in Deutschland lagen, führte dies zu negativen Realzinsen. Für Schuldner sehr attraktiv. In der Folge stieg die Verschuldung deutlich an. Das billige Geld fachte einen beispiellosen Immobilien- und Wirtschaftsboom an. Die Baubranche Spaniens war zum Höhepunkt des Booms so groß wie die Baubranchen Großbritanniens, Frankreichs und Deutschlands zusammen. Die gute Konjunktur führte zu steigenden Löhnen und damit zu einem Verlust der Wettbewerbsfähigkeit der heutigen Krisenländer. Sie leiden heute unter rekordhohen Schulden und zu hohen Löhnen, um im internationalen Wettbewerb bestehen zu können.

Die Dimensionen des Schuldenanstiegs sind beeindruckend. Im Zeitraum zwischen dem Jahr 2000 und dem Jahr 2008 stiegen die Schulden in Irland um 221 Prozent, in

Griechenland um 149 Prozent, in Spanien um 146 Prozent und in Portugal um 89 Prozent. Frankreich (68 Prozent), Italien (57 Prozent) und die Niederlande (56 Prozent) wirken verglichen damit schon fast solide. In allen Ländern wuchsen die Schulden damit deutlich schneller als die Wirtschaftsleistung. Nur in Deutschland wuchsen die Schulden mit 19 Prozent etwas weniger als die Wirtschaftsleistung (21 Prozent).[40]

Die Politik des billigen Geldes und der billigen Schulden ist direkt verantwortlich für die empirischen Messergebnisse von Thomas Piketty.

Das billige Geld wirkt unmittelbar positiv auf die Entwicklung von Vermögenswerten:

- Durch eine Stabilisierung der wirtschaftlichen Gesamtnachfrage. Die westliche Mittelschicht – vor allem in den USA – kompensierte fehlende Einkommenszuwächse durch zunehmende Verschuldung.
- Die Verzinsungserwartung für Vermögensgegenstände wurde gesenkt, was zwangsläufig zu höheren Vermögenspreisen relativ zum Volkseinkommen führen muss.

Piketty berücksichtigt diese gestiegene Verschuldung nur rein buchhalterisch, indem er vom Bruttovermögen (z.B. 500) die Schulden (z.B. 200) abzieht, um zum Nettovermögen (300) zu kommen.

Dabei haben die Schulden eine Hebelwirkung (Leverage) auf den Bruttowert. Die 500 Bruttovermögen ohne die 200 Schulden wären nicht 300, sondern vermutlich nur 200. Wie das? Eine Vielzahl von Argumenten spricht für eine solche Sichtweise:

- Die Möglichkeit, sich zu verschulden, führt zu einer Zusatznachfrage nach Vermögensgegenständen, die ohne diese Schulden nicht möglich gewesen wäre. Zur Erinnerung: Liegt die Rendite eines Vermögenswertes über den Zinskosten, lässt sich durch einen vermehrten Einsatz von Schulden die Eigenkapitalrendite erheblich „hebeln“. Wenn ein Vermögenswert (zum Beispiel eine Aktie), den sie für 100 Euro kaufen, 10 Euro jährlichen Zins abwirft, haben sie einen Ertrag von 10 Prozent. Können Sie sich 80 Euro zu 5 Prozent leihen, steigt Ihre Rendite auf 30 Prozent (6,0/20). Zugleich können Sie für insgesamt 500 Euro den Vermögenswert kaufen, was den Gesamtertrag nochmals steigert. Folge: Die Nachfrage nach dem Vermögensgegenstand nimmt zu und der Preis steigt.

Beispiele dafür sind die von Piketty angesprochenen Blasen in den Immobilienmärkten Japans und Spaniens. Spanien hatte laut Piketty im Jahre 2008 eine rekordhohe Vermögens-/Einkommensquote von 800 Prozent. Mit dem Platzen der Blase folgte seither ein deutlicher Einbruch. Ohne hohe Verschuldung – unter der Spanien jetzt leidet – wäre das gar nicht möglich gewesen.

Piketty sieht zwar Blasen, hält sie aber nur für momentane Abweichungen von dem von ihm diagnostizierten Trend.[41] Dass die ganze westliche Welt letztlich in einer Schuldenblase und damit auch in einer Bewertungsblase steckt, erkennt er nicht. Wie sehr er überhaupt die Wirkung von Schulden unterschätzt, zeigt sich an seiner Sicht auf die Immobilienmärkte Großbritanniens, Frankreichs und Deutschlands. Statt die hohe Bewertung der Immobilien in Großbritannien und Frankreich als Folge der überbordenden Privatverschuldung zu betrachten, vermutet Piketty eher eine Unterbewertung in Deutschland!

- Die steigenden Vermögenswerte bei gleichzeitig günstigen Zinsen veranlassen die Wirtschaftsteilnehmer zu immer mehr Spekulation. Immer mehr Kredite werden unter der Annahme aufgenommen und vergeben, dass man Tilgung und Zins aus der Wertsteigerung des gekauften Vermögensgegenstandes bezahlen kann (die bereits angesprochene Ponzi-Finanzierung!). Dies treibt die Preise der Vermögenswerte weiter nach oben bis zu dem Punkt, an dem es keine weitere Nachfrage mehr gibt. Der nachfolgende Preiseinbruch führt zu Finanz- und Überschuldungskrisen, wie wir sie derzeit durchleben.

- Solange die Vermögenswerte im Preis steigen, gibt es den sogenannten „Vermögenseffekt". Die Besitzer von Vermögenswerten fühlen sich reicher und konsumieren entsprechend mehr. Dies kurbelt die Wirtschaft an und führt zu einer Scheinblüte, die wiederum die Erträge von Unternehmen und die Einkommen der Arbeitnehmer steigert und damit höhere Vermögenswerte rechtfertigt. Interessanterweise hat die US-Fed (Notenbank der USA) den Anstieg der Vermögenswerte zum Ziel erklärt, um über den dann erwarteten Vermögenseffekt die Wirtschaft wieder auf Wachstumskurs zu lenken.

- Die Möglichkeit, die Rendite von Eigenkapital durch den vermehrten Einsatz von Fremdkapital zu steigern, führt zu optisch höheren Gewinnen und damit einer höheren Bewertung von Vermögensgegenständen
- Als weiterer Faktor darf die zunehmende Verknappung von Vermögenswerten gelten. Unternehmen nutzen den Leverage-Effekt nicht nur dazu, die Eigenkapitalrendite zu steigern, sondern auch dazu, durch den Rückkauf eigener Aktien die im Umlauf befindliche Zahl der Aktien zu reduzieren. Auch dies wirkt preistreibend.

Die Argumentation von Piketty muss um den Aspekt der Schulden erweitert werden, was gerade mit Blick auf seine Politikempfehlungen wichtig ist. Vermögen und Schulden sind zwei Seiten derselben Medaille. Ohne die Zusatznachfrage durch neue Schulden kommt es zu einem deutlichen Rückgang von Wirtschaftsleistung und Kapitalrenditen. Zeiten hoher Kapitalrenditen folgen zwangsläufig Zeiten mit tiefen, vermutlich sogar negativen Kapitalrenditen. Mit Blick auf die heutige Wirtschaftslage kann man die von einigen Beobachtern befürchtete „säkulare Stagnation“

entsprechend erklären. Es finden sich keine attraktiven Investitionsmöglichkeiten für die Ersparnisse (= Vermögen). Folglich sinkt der Zins immer tiefer. Bestehende Anlagen mögen noch hohe Renditen abwerfen. Doch ein Ausbau der Kapazitäten zu gleicher Rendite ist nur noch in wenigen Branchen möglich.

Bei der Betrachtung beider Seiten der Medaille ist zusätzlich wichtig zu bedenken, dass Vermögensbesitzer und Schuldner nicht immer dieselben Personen sind. Piketty konzentriert sich auf die Nettowerte und die Verteilung des Nettovermögens. Dabei muss man berücksichtigen, dass viele Personen, die nach dieser Berechnung wenig oder kein Vermögen besitzen, in Wirklichkeit über Bruttovermögen verfügen, dem ebenso hohe Schulden gegenüberstehen. Die relativ ärmeren Teile der Bevölkerung haben also nicht nur das Problem, relativ weniger zu besitzen, sondern stehen zudem noch unter dem Druck, bestehende Schulden zu bedienen. Dies ist bedeutsam, sobald es um die politischen Folgen der von Piketty befeuerten Diskussion geht.

Die Schuldenkrise mit noch mehr billigem Geld zu bekämpfen, macht alles nur noch schlimmer

Die Ursache einer jeden Krise ist bekanntlich der vorangegangene Boom. Wie gezeigt, ist die Verschuldung von Staaten und Privatsektoren über Jahrzehnte deutlich gewachsen, bis im Jahr 2008 die Blase platzte. Es wurde deutlich, dass die Schuldner sich übernommen haben. Die durch immer mehr Schulden aufgeblasenen Vermögenswerte waren nicht so werthaltig wie gedacht (Beispiel Spanien, wo Piketty eine Rekord-Vermögens-/Einkommensquote von 800 Prozent für das Jahr 2008 diagnostiziert), und als die Preise zu fallen begannen, gerieten immer mehr Schuldner und mit ihnen die Kreditgeber (Banken!) in Schwierigkeiten. Ein typischer „Finanzzyklus" im Unterschied zum normalen Konjunkturzyklus, wie ihn der schwedische Nationalökonom Knut Wicksell schon 1898 identifizierte.

Dabei ist die Kernidee so simpel wie einleuchtend: Sind die Zinsen zu niedrig, führt dies zu einem Verschuldungsboom mit steigenden Vermögenswerten. Schulden und Geld sind dabei nicht unabhängig von der Wirtschaft, sondern werden durch diese generiert. Banken schaffen in unserem Geldsystem aus dem Nichts Geld, wenn sie Kredite geben. Bei steigenden Vermögenswerten – zum Beispiel Immobilienpreisen – sind diese Kredite gut besichert und werthaltig. Zugleich führt die Zusatznachfrage durch Kredite allerdings zu steigenden Immobilienpreisen und damit zu der Möglichkeit, immer mehr Kredite zu geben, was wiederum die Nachfrage und die Preise nach oben treibt.

Wenn der Boom der Verschuldung zum Ende kommt, was unweigerlich der Fall ist, weil Schulden nicht dauerhaft schneller wachsen können als das Einkommen, folgt die Krise. Die darauf folgende „Bilanzrezession"[42] zwingt die Schuldner, ihre Bilanzen in Ordnung zu bringen – sparen, zurückzahlen oder pleitegehen.

Die Bank für Internationalen Zahlungsausgleich (BIZ) fasst es so zusammen: „Finanzzyklen unterscheiden sich von Konjunkturzyklen. Sie bilden die Dynamik der Wechselwirkungen ab, die finanzielle Auf- und Abschwünge auslösen – Wechselwirkungen zwischen den Bewertungen, dem geschätzten und dem tatsächlich eingegangenen Risiko sowie den jeweiligen Finanzierungsbedingungen. Finanzzyklen sind tendenziell deutlich länger als Konjunkturzyklen und lassen sich am besten durch eine Kombination aus Kreditaggregaten und Immobilienpreisen messen. Produktion und Finanzvariable können sich lange Zeit in unterschiedliche Richtungen entwickeln, doch wenn ein Finanzboom endet, stellt sich der Zusammenhang zwischen den beiden in der Regel umso stärker wieder her. In solchen Abschwüngen kommt es oft zu Bankenkrisen, die wiederum zumeist mit viel tieferen Rezessionen – Bilanzrezessionen – zusammenfallen als in einem durchschnittlichen Konjunkturzyklus üblich."[43]

Ohne beherztes Eingreifen von Notenbanken und Regierungen hätten wir zweifellos eine erneute Weltwirtschaftskrise, wie in den 1930er Jahren, mit Bankenzusammenbrüchen, Firmenpleiten und Massenarbeitslosigkeit erlebt.

Stattdessen wurde die Krise, die ihre Ursache in zu billigem Geld und zu vielen Schulden hat, durch noch mehr billiges Geld und noch mehr Schulden bekämpft: Die Notenbanken haben die Leitzinsen nochmals deutlich gesenkt und in großem Umfang Wertpapiere aufgekauft. Die Staaten haben weitere Schulden gemacht, um die Konjunktur zu stabilisieren. Obwohl immer von „Sparen“ geredet wird, ist in Wahrheit nichts davon zu spüren. Die Verschuldung von Staaten und Privaten ist in den Industrieländern aber auch den Schwellenländern seit 2007 weiter angestiegen. Die Staatsverschuldung der G7 wuchs um immerhin 40 Prozent-Punkte auf nunmehr 120 Prozent des BIP. Auch der Privatsektor macht immer mehr Schulden. Weltweit stiegen die Schulden um beeindruckende 30 Prozent seit 2007.[44] Nicht anders in den Krisenländern Europas: Irland hat 84 Prozent mehr Schulden relativ zum BIP als 2008, Portugal 69 Prozent, Griechenland 55 Prozent, Spanien: 40 Prozent, Frankreich 34 Prozent und Italien 27 Prozent. Selbst die vermeintlich soliden Niederländer haben 24 Prozent mehr Schulden.[45]

Dennoch will sich auch nach sechs Jahren Krise keine wirtschaftliche Erholung einstellen. In allen Krisenländern befindet sich die Wirtschaftsleistung unter dem Vorkrisenniveau. Von den großen Ländern der Eurozone liegt nur Deutschland real über dem Niveau von 2008. Dies kann angesichts der bereits bestehenden Schuldenlast nicht überraschen. Ein großer Teil der neuen Schulden dient nur dazu, dass bestehende Schuldengebäude vor dem Einsturz zu bewahren, führt aber nicht zu neuer Nachfrage und schon gar nicht zu mehr Investitionen.

Die BIZ: „Eine hohe Verschuldung des privaten Sektors kann nachhaltiges Wirtschaftswachstum untergraben. In vielen Ländern, die einen Finanzboom erleben, sind die privaten Haushalte und Unternehmen geschwächt, und es drohen schwerwiegende finanzielle und gesamtwirtschaftliche Anspannungen. Auch in den Ländern, die von der Krise am stärksten betroffen waren, sind die Schuldenstände des privaten Sektors im Vergleich zum BIP immer noch hoch, wodurch die privaten Haushalte und Unternehmen gegenüber einem Zinsanstieg anfällig sind. Diese Länder könnten sich in einer Schuldenfalle befinden: Eine Ankurbelung der Wirtschaft durch niedrige Zinssätze schafft Anreize für eine noch stärkere Verschuldung und verschärft schließlich das Problem, anstatt es zu lösen." Ich würde „könnten" streichen und schreiben: „Diese Länder befinden sich in einer Schuldenfalle."

Der Versuch, eine Krise, ausgelöst durch zu viele Schulden und zu billiges Geld, durch noch billigeres Geld und noch mehr Schulden zu bekämpfen, ist damit offiziell gescheitert. Umso schlimmer, dass Regierungen in Europa und die Europäische Zentralbank (EZB) dies nicht anerkennen und stattdessen auf eine Verstärkung der Dosis setzen. Nach dem Motto: „Es wirkt nicht, also nehmen wir mehr davon."

Die Folge der – auch in den USA, Großbritannien und Japan – betriebenen Politik kann man an den Finanzmärkten ablesen. Wie schon mit den Analysen von GMO oben gezeigt, haben sich die Bewertungen an den Finanzmärkten von den Fundamentaldaten der Realwirtschaft deutlich entfernt. Einige Indikatoren sprechen dafür:

- Die Aktienmärkte in Europa haben 2013 um 15 Prozent zugewonnen, während die Wirtschaft stagnierte und die erwarteten Gewinne um 3 Prozent zurückgegangen sind.
- Im Sommer 2014 zahlen Spanien mit 2,57 und Italien mit 2,70 Prozent Zinsen auf zehnjährigen Staatsanleihen so wenig wie noch nie. Und damit weniger als die USA trotz höherer Schulden und deutlich schlechteren demografischen Aussichten.
- Doch nicht nur Staatsanleihen profitieren von der Geldflut der Notenbanken: Der Risikoaufschlag für sogenannte Ramschanleihen von Schuldnern schwacher Bonität ist deutlich zurückgegangen und liegt wieder auf dem Niveau des Jahres 2007.
- Das bereinigte Kurs-Gewinn-Verhältnis liegt in den USA wieder deutlich über dem langfristigen Durchschnitt. Aktien sind also keineswegs billig.
- Im Technologiesektor kommen die Bewertungsmaßstäbe der Dotcom-Ära wieder: Umsatzmultiples (statt Gewinn-Multiples, weil es keine Gewinne gibt) und Nutzerzahlen dienen der Bewertung der Firmen.

„Ich sehe Preisblasen wie 2007“, urteilt William White. White ist nicht irgendwer, sondern hat als damaliger Chefökonom der Bank für Internationalen Zahlungsausgleich die Finanzkrise korrekt vorhergesagt. Heute stellt er Folgendes fest:[46]

- Noch nie haben die Zentralbanken so expansiv agiert, nicht einmal in den Dreißigerjahren. Diese Politik ist ein großes Experiment mit ungewissem Ausgang.
- Ziel ist es, die Vermögensmärkte „aufzupumpen". Dank steigender Vermögenswerte sollen sich die Menschen reicher fühlen, mehr konsumieren und so die Realwirtschaft ankurbeln. Es ist zweifelhaft, ob das funktioniert, und zudem gibt es erhebliche Gefahren für die Finanzstabilität.
- Die bedenklichste Konsequenz dieser Geldpolitik ist, dass das Problem der zu hohen Schulden, die der Finanzkrise zugrunde lagen, nicht gelöst wurde. Dieses Problem können die Notenbanken nicht lösen.
- Die Schulden müssen abgeschrieben und restrukturiert werden, wenn man die Überschuldungskrise lösen will. Dies können aber nur die Regierungen organisieren. Zurzeit hält die Geldpolitik das Schuldengebäude aufrecht und ermöglicht der Politik, sich um die eigentlich erforderlichen Maßnahmen zu drücken.
- Die Folgen sind in Europa offensichtlich. Es gibt immer mehr Unternehmen und Banken, die insolvent sind. Dennoch wird so getan, als seien diese noch gesund, und die Kredite werden einfach verlängert. Experten sprechen hier von „Zombie"-Unternehmen und -Banken. Sie sind nicht in der Lage die Schulden zurückzuzahlen und in die Zukunft zu investieren. Gerade mit Blick auf die Banken übt sich die Politik in Selbstbetrug.

- Wir haben nur deshalb keine deutliche Inflation, weil die Geldpolitik im Umfeld hoher Schulden nicht funktioniert. Die Zentralbank kann nur die Basisgeldmenge direkt beeinflussen, nicht aber die Kreditvergabe. Letztere ist in der Eurozone derzeit rückläufig. Es ist aber gefährlich, daraus zu schließen, dass es keine Risiken gibt. William White benutzt das Bild des Mannes, der aus dem zwanzigsten Stock springt und sich auf halbem Weg sagt: „So weit, so gut."Sollte die Geldpolitik wie in Japan immer aggressiver intervenieren, sieht White die Gefahr einer Hyperinflation. Ursache wäre ein breiter Vertrauensverlust in Geld.

Im neuesten Jahresbericht warnen die Nachfolger von White bei der BIZ mit ebenso deutlichen Worten vor den Nebenwirkungen der heutigen Wirtschaftspolitik und fordern eine drastische Umkehr. Die aggressive Geldpolitik würde die Probleme der Realwirtschaft nicht lösen. Stattdessen wären neue Blasen in den Finanzmärkten die Folge, weil Anleger in verzweifelter Suche nach Rendite immer größere Risiken eingingen.[47] Noch zeichnet sich ein grundlegender Poltikwechsel jedoch nicht ab. Im Gegenteil.

Ohne dieses massive Eingreifen der Notenbanken hätten wir zweifellos eine Wirtschaftskrise wie in den 1930er Jahren erlebt. Allerdings waren die Rettungsmaßnahmen nur in den Jahren 2009 und 2010 gerechtfertigt. Seither befinden sich die Länder des Westens am Dauertropf der Notenbanken, ohne die grundlegenden Probleme anzupacken. Damit verstärkt die Rettungspolitik die von Piketty kritisierte Entwicklung von Vermögen und Vermögenskonzentration weiter.

Statt zu bremsen hat die Politik den Prozess verstärkt

Seit dem Altertum gab es Bemühungen, den Prozess der Vermögenskonzentration zu begrenzen. Aus diesem Grund hat die Politik progressive Einkommens- und Erbschaftssteuern eingeführt. Ebenso wichtig waren Investitionen in die Bildung der nachfolgenden Generation. Piketty betont, dass neben der sehr hohen Besteuerung von Einkommen die Breitenbildung in den 1950er und 1960er Jahren in den USA ursächlich für die „fairere Vermögens- und Einkommensverteilung“ gewesen sei.

Das hat sich seit den 1980er Jahren geändert. Die Politik hat alles getan, um einen auf Verschuldung basierenden Wirtschaftsaufschwung zu befeuern, und hat zugleich die Steuern auf Spitzeneinkommen und Vermögen gesenkt. Wenn die Politik heute diese Entwicklung bemängelt, gilt es im Hinterkopf zu behalten, dass frühere Generationen von Politikern aus Scheu vor den fundamental erforderlichen Reformen – vor allem der Modernisierung der eigenen Wirtschaft und Investitionen in Bildung, Innovation und Infrastruktur – den vermeintlich einfachen Weg der Verschuldung gegangen sind. Nur so kam es zur Schuldenkrise und nur so waren die Zuwächse von Vermögen und Vermögenskonzentration überhaupt möglich. Eine Entwicklung, die durch die Rettungspolitik der letzten Jahre weiter verstärkt wurde.

Welche Forderungen Piketty aus seinen Überlegungen ableitet, wie diese zu bewerten sind und welche Bedeutung ihnen in der heutigen Schuldenkrise zukommt, beschäftigt uns im nächsten Kapitel.

4. Vermögensbesteuerung im 21. Jahrhundert

Definitionen:

Sozialstaat = Der aktive Staat sichert die Teilhabe der breiten Bevölkerung am Wohlstand eines Landes durch Steuern, Umverteilung, Sozialleistungen und Investitionen in Bildung und Infrastruktur.

Staatsschulden = Sind die Folge einer falschen Verteilung des Volksvermögens zwischen Privaten und Staat (so Piketty).

Progressive Einkommenssteuer = Besteuerung der Einkommen mit einem steigenden Steuersatz. Je mehr Einkommen jemand verdient, desto mehr muss er davon prozentual als Steuern abgeben.

Progressive Erbschaftssteuer = Analog zur Einkommenssteuer wächst der Steuersatz mit der Größe der Erbschaft.

Progressive Vermögenssteuer = Analog zur Einkommenssteuer erfolgt eine Besteuerung von Vermögen mit einem steigenden Satz, umso höher das Vermögen ist.

Vermögensabgabe = Einmalige Abgabe auf Vermögen zur Bewältigung von Staatsschuldenkrisen.

Staatspleiten = Zahlungseinstellungen durch Staaten mit einhergehenden Verlusten für die Gläubiger.

Sparen = Ausgabensenkung, um Staatsschulden zurückzuführen.

Inflation = Deutliche Entwertung des Geldwerts mit dem Ziel, die Schulden nominal relativ zum Volkseinkommen zu senken und so die Staatsschulden zu reduzieren.

Kernaussagen:
Die Große Depression der 1930er Jahre führte zu der Erfindung des Sozialstaats, der eine Umverteilung von Einkommen und Vermögen und Investitionen in Bildung und Infrastruktur durch Steuern organisierte, was eine geringere Vermögens-/Einkommensquote und eine geringere Vermögenskonzentration nach sich zog. Die größten Erfindungen waren in diesem Zusammenhang für Piketty die progressive Einkommenssteuer mit Spitzensteuersätzen von 80 Prozent und die progressive Erbschaftssteuer.

Die deutliche Verringerung der Steuersätze seit den 1980er Jahren hat demnach unnötigerweise ein gutes System abgeschafft, welches Vermögenskonzentration verhinderte. Damit die Vermögens-/Einkommensquote und die Vermögenskonzentration nicht wieder auf das Niveau vor dem Ersten Weltkrieg steigen, fordert Piketty eine drastische Erhöhung der die Einkommenssteuern (80 Prozent ab 500.000 Dollar) und die Einführung einer globalen progressiven Vermögenssteuer. Da letzte nur schwer zu verwirklichen ist, können regionale Steuern – vor allem in Europa – nach seiner Auffassung ein erster Schritt sein.

Die Staatsverschuldung ist ungerecht, weil sie alle Steuerzahler nötigt, die Verzinsung der vor allem von den Vermögenden gehaltenen Staatsanleihen zu bezahlen. Deshalb sind alle Versuche, durch Sparen die Staatsschulden abzubauen, abzulehnen. Die Staatsschuld ist nur die Folge einer falschen Verteilung des Volksvermögens auf Privatsektor und Staat. Die europäische Staatsschuldenkrise ließe sich problemlos durch eine einmalige Vermögensabgabe lösen, die zudem nur eine Minderheit der Bevölkerung träfe. Staatspleiten würden zu einer ungeordneten Welle an Konkursen und Bankenzusammenbrüchen führen und sind deshalb keine geeignete Alternative. Inflation könnte ebenfalls zu einer Verringerung von Schulden und Vermögen beitragen.

Einschätzung:
Obwohl Thomas Piketty die Rolle des billigen Geldes und gestiegener Gesamtverschuldung in seinen Überlegungen völlig ausblendet, sieht er sehr wohl die deutlich gestiegene Staatsverschuldung. Diese ist für ihn die Folge einer falschen Verteilung des Vermögens zwischen Staat und Privatsektor. Obwohl er einige Effizienzreserven ausmacht, will er am gegebenen Niveau des Sozialstaats festhalten und ihn weiter ausbauen. Dabei übersieht er aber die ungedeckten Verbindlichkeiten der Staaten für die Versorgung einer alternden Gesellschaft. Dies zeigt sich daran, dass er die umlagefinanzierte Rentenversicherung lobt und auch weiterhin für stabil hält. Nur geringe Anpassungen seien nötig. Diese optimistische Einschätzung ist angesichts der erheblichen Kosten der demografischen Entwicklung schlicht nicht nachvollziehbar.

Bezüglich der europäischen Staatsschuldenproblematik empfiehlt Piketty zu Recht eine steuerfinanzierte Lösung. Doch dabei blendet er das Problem der ebenfalls zu hohen Privatverschuldung aus. In Wirklichkeit braucht Europa eine Restrukturierung von Staats- und Privatschulden in einer Größenordnung von rund drei bis fünf Billionen Euro. Pikettys nur auf die Staatsschulden bezogenen Analysen verschweigen zudem den entscheidenden Punkt, nämlich die damit verbundene Umverteilung zwischen den Ländern Europas. Namentlich deutsche Steuerzahler (= Vermögensbesitzer) müssten für die Schulden der Krisenländer, aber auch für die Italiens und Frankreichs einstehen.

Pikettys Bewertung der Alternativen für den Umgang mit dem Schuldenüberhang in Europa kann man nur zustimmen. Da auch der Internationale Währungsfonds (IWF) und die Bundesbank einmalige Vermögensabgaben zur Lösung der Schuldenproblematik befürworten, deutet alles darauf hin, dass die Politik in eine solche Richtung umschwenken wird. Trotz der Mängel an seinem Modell und seinem fehlenden Blick auf die Wirkung des billigen Geldes und des Schuldenbooms im Privatsektor wird Piketty damit erhebliche Wirkung auf die Wirtschaftspolitik der kommenden Jahre haben. Die Politik hat gar keine andere Wahl, als die Schuldenkrise durch Schuldenschnitte, Restrukturierungen und Vermögensbesteuerung zu lösen.

4.1 Zusammenfassung der politischen Empfehlungen von Piketty

Der Nutzen des Sozialstaats

Für Piketty stellt der Sozialstaat die beste Folge der Großen Depression der 1930er Jahre dar. Im Unterschied zur Vorkriegszeit griff der Staat aktiver in die Wirtschaft ein. Märkte wurden strenger reguliert, Unternehmen verstaatlicht, das Kartellrecht verschärft. Allein diese Maßnahmen führten bereits zu einer geringeren Kapitalrendite. Zusätzlich ermöglichte der Sozialstaat mehr Ausgaben für die Bildung der breiten Bevölkerung und für die Versorgung mit Gesundheitsleistungen und Altersversorgung. So geben die Industrieländer heute zehn bis fünfzehn Prozent des Volkseinkommens für Bildung und Gesundheit aus und weitere zehn bis zwanzig Prozent für Transferleistungen (Renten, Arbeitslosengeld, weitere Sozialleistungen), was das Niveau an „sozialen Ausgaben“ auf 25 bis 35 Prozent des Volkseinkommens anhebt. Die Grundlage für diese massive Umverteilung sieht er im Recht auf Teilhabe.

Für ihn laufen deshalb Diskussionen, die einen Abbau des Sozialstaates befürworten, in die falsche Richtung. Das würde den Fortschritt der vergangenen Jahrzehnte in Frage stellen und vermehrte Ungleichheit zur Folge haben. In Ländern wie den USA und Großbritannien, wo eine solche Abkehr vom Sozialstaat schon stattgefunden habe, könne man solche Folgen bereits beobachten.

Besser wäre es, den Sozialstaat so zu modernisieren und umzubauen, dass er auch in Zukunft bei gleichbleibendem Einnahmenniveau seine Aufgaben bewältigen kann, gerade im Umfeld einer alternden Bevölkerung. Besonders wichtig ist Piketty dabei der freie und kostengünstige Zugang zu Bildung. Mit Blick auf die Spitzenuniversitäten der USA lobt er deren Qualität, bemängelt aber die sehr hohen Studiengebühren, die dazu führen, dass die Eltern der Studenten weit überdurchschnittlich vermögend seien. Besser sei ein System, welches keine oder nur geringe Gebühren erhebt und damit die soziale Mobilität fördert. Gerade in den USA ist nach seinen Untersuchungen der Vermögens- und Einkommenshintergrund der Eltern maßgeblich für das Einkommensniveau der Kinder. In Europa, namentlich in Skandinavien, sei die Durchlässigkeit deutlich höher.

Mit Blick auf das umlagefinanzierte Rentensystem stellt Piketty fest, dass dies für die Zukunft besser geeignet sei als kapitalgedeckte Systeme, in denen jeder selber für sein Alter anspart, weil „in der Theorie die heute Erwerbstätigen ein Interesse an schnell steigenden Durchschnittslöhnen haben. Deshalb werden sie in Schulen und Universitäten für ihre Kinder investieren und eine höhere Geburtenrate haben".[48] Dass diese Theorie in der Praxis nicht zutrifft, erwähnt Piketty mit keinem Wort. Auch die Folgen des demografischen Wandels vernachlässigt er weitgehend. Sicherlich müsse man das Rentenalter etwas anpassen, aber nur für jene, die keine zu beschwerliche Tätigkeit ausüben. Und von den Belastungen *pro Kopf* für die zukünftigen Beitragszahler ist ebenfalls keine Rede. Piketty beendet seine Ausführungen mit der Hoffnung, dass die Entwicklungs- und Schwellenländer ihren Sozialstaat ausbauen.

Progressive Besteuerung

Der Sozialstaat will finanziert werden. Um zugleich den von Piketty unerwünschten Anstieg von Vermögens-/Einkommensquote und Vermögenskonzentration zu verhindern, bedarf es aus seiner Sicht progressiver Besteuerung. Die progressive Einkommenssteuer und die progressive Erbschaftssteuer sind für Piketty die größten steuerlichen Innovationen des 20. Jahrhunderts.

Die progressiven Steuern hatten nach dem Zweiten Weltkrieg „konfiskatorischen" Charakter auf „exzessive" Einkommen und Vermögen. Damit waren sie „eine relativ freiheitliche Methode, um Ungleichheit zu bekämpfen, weil sie freien Wettbewerb und Privateigentum respektiert haben (…)".[49] Die Lösung von Karl Marx, die später in der Sowjetunion und anderen Ländern im 20. Jahrhundert umgesetzt wurde, „war weitaus radikaler und (…) logisch konsistenter".[50] Die fast vollständige Abschaffung von Privateigentum durch Verstaatlichung löste das Problem der Kapitalrendite durch Abschaffung. Leider stellte sich jedoch heraus, dass Planwirtschaften weniger gut funktionieren als Marktwirtschaften mit Privateigentum, weshalb die Lösung über hohe Besteuerung zu bevorzugen ist – so Piketty.

Von 1932 bis 1980 betrug der Spitzensteuersatz auf Einkommen in den USA durchschnittlich 81 Prozent. In Europa lagen die Sätze deutlich niedriger, aber immer noch bei über 50 Prozent. Bei der Erbschaftssteuer waren die USA lange Vorreiter mit Spitzensteuersätzen zwischen 70 und 80 Prozent von 1930 bis 1980. In Europa bewegten sich die entsprechenden Steuersätze zwischen 30 und 40 Prozent.

Für Piketty liegt die Lösung auf der Hand: Die Industrieländer sollen den „Irrtum" der Steuersenkungen der letzten Jahrzehnte korrigieren. Konkret empfiehlt er den USA die Rückkehr zu einem Spitzensteuersatz von 80 Prozent für Einkommen ab 500.000 US-Dollar pro Jahr.[51] Hohe Einkommenssteuern seien dringend erforderlich, um die Folgen der Globalisierung zu dämpfen. Diese führe zu anhaltendem Lohndruck für die Mittelschicht der westlichen Länder, während nur eine Minderheit von der Globalisierung profitiere. Nur durch eine hohe Besteuerung ließe sich – so Piketty – die Unterstützung der Öffentlichkeit für eine globalisierte Weltwirtschaft erhalten. Sonst drohe Nationalismus und Protektionismus.

Doch damit nicht genug. Hohe Einkommenssteuern erschweren das Entstehen großer Vermögen, reduzieren bzw. beschränken jedoch nicht die bestehenden. Das steuerliche Einkommen von Milliardären beträgt nur wenige Millionen, wie er am Beispiel der L'Oréal-Erbin Liliane Bettencourt erläutert, die bei 30 Milliarden Vermögen nie mehr als fünf Millionen Einkommen versteuert habe.[52] Deshalb bedürfe es einer globalen progressiven Vermögenssteuer. Global, damit niemand der Besteuerung entgehen kann, und progressiv, um dem in Pikettys Modell gegebenen überproportionalen Zuwachs der großen Vermögen entgegenzutreten. Diese Besteuerung würde alle Arten von Vermögen betreffen: Immobilien, Finanzvermögen, Betriebsvermögen – „keine Ausnahmen".[53]

Eine völlige Transparenz, die Piketty voraussetzen möchte, würde allein schon zu mehr Gerechtigkeit beitragen, denn bei Kenntnis der großen Vermögen würde sich der öffentliche Druck bei der Forderung nach mehr Besteuerung verstärken.

Da eine globale Kooperation höchst unwahrscheinlich ist, fordert Piketty, den Versuch zumindest auf lokaler und regionaler Ebene zu wagen. Auf jeden Fall in Europa. Während er für Erbschaftssteuern sehr hohe Steuersätze von bis zu zwei Dritteln der Erbschaft für geeignet hält, plädiert er bei der Vermögenssteuer für Sätze von einem Prozent für Vermögen zwischen einer und fünf Millionen Euro und zwei Prozent bei größeren Vermögen.[54] In der EU würde eine solche Steuer 2,5 Prozent der Bevölkerung treffen und jährlich Einnahmen in Höhe von zwei Prozent des BIP erbringen. Dabei betont er, dass die Steuersätze angesichts der von ihm angenommenen Renditen von sechs bis sieben Prozent für Vermögen über 100 Millionen deutlich höher sein könnten.[55]

Sollte die Politik diesen Weg nicht gehen, befürchtet Piketty Nationalismus, Protektionismus und Kapitalverkehrskontrollen, weil dann die Staaten versuchen werden alleine das Vermögen zu besteuern.

Die Lösung der europäischen Staatsschuldenkrise

Europa ist der Kontinent mit der höchsten Vermögens-/Einkommensquote und befindet sich zugleich in einer Staatsschuldenkrise. Für Piketty ist dies der Beweis, dass die Frage der Staatsschulden eine Frage der *Vermögensverteilung* ist und nicht ein Problem von fehlenden Vermögen. Als Beispiel führt er Italien an. Dort ist der Staat zwar hoch verschuldet, die privaten Haushalte hingegen sind sehr vermögend.

Verschiedene Möglichkeiten stehen zur Wahl, um die Staatsverschuldung abzubauen. Piketty beurteilt sie so:

- Sparen: Führt zu einer weiteren Verringerung des Wirtschaftswachstums und ist ungerecht: Die Masse der Bürger müsste für die Zinseinkünfte einer Minderheit bezahlen. Zudem gefährdet es den Sozialstaat.

- Privatisierung von Staatsvermögen: Wäre nichts anderes als der Tausch von Schulden in Mietverträge. Das staatliche Vermögen würde dann der Gruppe der Vermögenden gehören. Aus diesem Grunde nicht machbar.

- Staatspleiten: Die Staaten könnten, wie in Griechenland geschehen, die Zahlungen einstellen und die Schulden restrukturieren. Da es aber um mehrere Staaten geht, die zudem deutlich größer sind als Griechenland, wäre eine Bankenkrise und eine Welle von Konkursen die Folge.

- Inflation: Schon in der Vergangenheit hat Inflation dazu beigetragen, übermäßige Verschuldung abzubauen. Dies wäre heute wieder möglich. Schon eine Inflationsrate von fünf statt zwei Prozent würde die Staatsschulden um 15 Prozent vom BIP reduzieren. Diese Maßnahme träfe vor allem jene, die ihr Geld in Finanzvermögen halten, statt es produktiv einzusetzen. Die damit entstehenden Umverteilungswirkungen sind nicht zu überblicken. Vermutlich würde es eher die kleineren Vermögen treffen.

- Einmalige Vermögensabgabe: Piketty bevorzugt deshalb eine einmalige Vermögensabgabe zur Bewältigung der Staatsschuldenkrise. Eine einmalige Abgabe von 15 Prozent auf Privatvermögen in Europa würde ein Jahresvolkseinkommen erbringen und die völlige Tilgung der ausstehenden Staatsschulden erlauben. Auch hier sollte nach Pikettys Auffassung über einen progressiven Satz nachgedacht werden, um kleinere Vermögen zu schonen. Wenn man die Schulden der Staaten um 20 Prozentpunkte auf ein Niveau von ungefähr 70 Prozent des BIP und damit nahe dem Langfristziel von 60 Prozent senken wolle, genüge eine einmalige Abgabe von 10 Prozent auf Vermögen zwischen einer und fünf Millionen Euro und 20 Prozent auf Vermögen über fünf Millionen Euro.[56] Alternativ könnte man die Abgabe auch in zehn Jahresraten erheben. Der Charme dieser Lösung liegt für Piketty darin, dass nur eine Minderheit der Bevölkerung von ihr betroffen wäre.

Pikettys Sicht der Welt

Damit lässt sich Pikettys Sicht wie folgt zusammenfassen:

Der einzige Weg, den Trend zu immer größeren und konzentrierteren Vermögen zu bremsen, ist die konfiskatorische Besteuerung hoher Einkommen und Vermögen. Die Staatsschuldenkrise ist nur eine Verteilungsfrage zwischen privatem und staatlichem Sektor und sollte deshalb durch einmalige Vermögensabgaben gelöst werden.

Die wahren Kosten des Sozialstaats

Piketty lobt die Rolle des Sozialstaats, um Teilhabe zu ermöglichen und eine ungleiche Vermögens- und Einkommensverteilung zu bekämpfen. Dabei sieht er keine grundlegenden Schwächen im bestehenden System und mahnt lediglich Effizienzsteigerung und Modernisierung an. Gerade das System der umlagefinanzierten Rentenversicherung hält er für langfristig überlegen und betont den damit verbundenen Anreiz, Kinder zu bekommen und diese gut auszubilden. Abgesehen davon, dass die Praxis keinen Beleg dafür liefert (siehe Deutschland, wo trotz aller Bemühungen zur Familienförderung die Geburtenraten auf niedrigem Niveau verharren), vernachlässigt Piketty die enormen Kosten einer alternden Gesellschaft völlig. Die verfügbaren Zahlen dazu sind erschreckend. Schon im Jahre 2009 wurden die wahren Schulden der Staaten, die sich aus den von der Politik gegebenen Versprechen für künftige Renten-, Pensions- und Gesundheitsleistungen ergeben, auf Rekordwerte geschätzt (in Prozent vom BIP):[57]

- Deutschland: 413 %
- Großbritannien: 418 %
- Frankreich: 542 %
- Italien: 358 %
- USA: 534 %

Die Bank für Internationalen Zahlungsausgleich (BIZ) forderte angesichts dieser Zahlen von der Politik drastische Maßnahmen, um ein völliges Aus-dem-Ruder-Laufen der Staatsfinanzen zu verhindern. In Pikettys Berechnungen der Vermögens-/Einkommensquoten tauchen diese Verbindlichkeiten nicht auf. Wendet man die Daten zur wahren Staatsverschuldung auf Pikettys Daten an, ergeben sich deutlich geringere Vermögens-/Einkommensquoten:[58]

- Deutschland: –1% statt 412% bei Piketty.
- Großbritannien: 104% statt 522%
- Frankreich: 33% statt 575%
- Italien: 318% statt 676%
- USA: –124% statt 410%

Sicherlich gibt es bei beiden Datenquellen erhebliche Unsicherheiten. Sind bei Piketty die Vermögenswerte der Unternehmen wirklich richtig erfasst? Bewegen sich die Verbindlichkeiten der Staaten wirklich genau in dieser Höhe? Sind die Definitionen vergleichbar? Dennoch: Die Größenordnungen werden leider stimmen.

Es liegt auf der Hand, dass die Politik in den kommenden Jahren einen Weg finden muss, mit diesen ungedeckten Versprechen umzugehen. Zu erwarten sind höhere Renteneintrittsalter, tiefere Rentenniveaus und zunehmende Verteilungskonflikte. Die Politik wird zunehmend umverteilen, wie es Piketty in seinem Buch vorschlägt. Wie sehr die Politiker schon heute ihre Entscheidungen an der Mehrheit der Alten ausrichten, zeigen die Rentenbeschlüsse der Großen Koalition in Deutschland. Die Zahlen belegen auch, dass unser System des Sozialstaats auf den Prüfstand muss. Während Piketty die moralischen Grundlagen unserer Gesellschaft durch die Vermögenskonzentration gefährdet sieht, kann man durchaus zu dem Schluss gelangen, dass das Leben auf Pump, welches die Staaten seit Jahrzehnten praktizieren, eine mindestens ebenso große Gefahr für Demokratie und sozialen Zusammenhalt darstellt.

Nicht nur ein Staatsschuldenproblem

In Kapitel 3 haben wir die von Piketty vernachlässigte Wirkung der zunehmenden Verschuldung im Privatsektor diskutiert. Er selbst betont, dass Europa der Kontinent mit der höchsten Vermögens-/Einkommensquote sei und zugleich ein Schuldenproblem habe. Richtig. Hier zeigt sich die Wirkung von Schulden auf Vermögenswerte. Europa weist nicht nur die größten Vermögen, sondern auch die höchsten Schulden auf. Im Finanzjargon ist Europa am höchsten „geleveraged“, also durch Kredite gehebelt. Ohne das Doping durch Schulden wären die Vermögen auf einem deutlich tieferen Stand.

Dieser Verschuldungsboom hat nicht nur die Vermögenswerte nach oben getrieben, sondern stellt heute eine erhebliche Belastung dar. Viele Schuldner werden nicht in der Lage sein, ihre Verbindlichkeiten zu bedienen. Dies ist der Hintergrund der aktuellen Diskussion über das europäische

Bankensystem. Bei objektiver Betrachtung ist es insolvent. Da niemand weiß, woher die für eine Rekapitalisierung mindestens erforderlichen rund 800 Milliarden Euro[59] kommen sollen, wird so getan, als wären die Forderungen des Bankensystems noch werthaltig – und die Europäische Zentralbank stellt großzügig Liquidität bereit.

Wie groß das Schuldenproblem tatsächlich ist, zeigt Abbildung 6.

Die Gesamtverschuldung liegt in allen Ländern auf einem Rekordniveau. Die Spitzenreiter Irland (406 Prozent vom BIP) und Portugal (381 Prozent) übertreffen sogar Japan (372 Prozent). Die übrigen Länder liegen zwischen 250 und 300 Prozent, lediglich Deutschland ist mit 206 Prozent deutlich darunter. Damit wird klar, dass wir es in der europäischen Krise keineswegs nur mit einem Staatsschuldenproblem zu tun haben. Auch die Schulden des Privatsektors sind in vielen Ländern zu hoch.

Da Piketty nur auf die Nettogrößen schaut, also die Bruttovermögenswerte abzüglich der Schulden, entgeht ihm die Bedeutung dieser hohen Schuldenstände. Sobald die Vermögenswerte mit dem Ende des schuldengetriebenen Booms wieder fallen – Piketty spricht das am Rande am Beispiel Spaniens an –, geraten immer mehr Schuldner in Bedrängnis. Dies ist der typische Ablauf des Finanzzyklus, wie wir ihn in Kapitel 2 diskutiert haben.

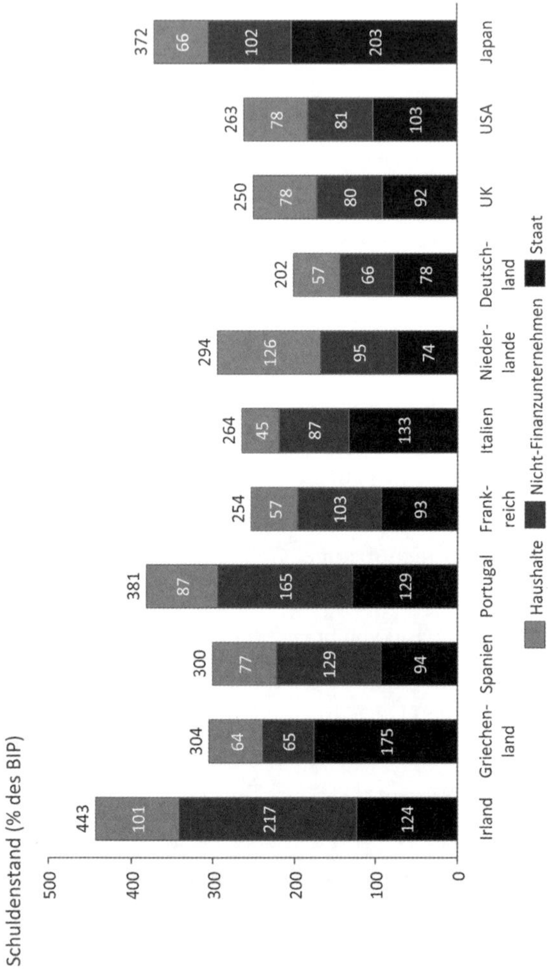

Abbildung 6: Verschuldung von Staaten, Nicht-Finanzunternehmen und privaten Haushalten

Anmerkung: Daten zu Japan aus 2012

Quellen: Europäische Zentralbank, Eurostat, Federal Reserve, U.S. Bureau of Economic Analysis (BEA), Bank of Japan, OECD, bto-Analyse

Erschwerend kommt hinzu, dass sich die Finanzströme länderübergreifend bewegen. Irland, Portugal, Griechenland und Spanien haben vor allem gegenüber dem Ausland Verbindlichkeiten. Jede Lösung der Schuldenproblematik setzt deshalb internationale Kooperation voraus. Entweder in dem die Gläubiger mehr Güter und Dienstleistungen aus diesen Ländern beziehen oder über internationale Vereinbarungen zur Umschuldung mit (teilweisem) Forderungsverzicht. Deutschland ist neben Frankreich und Großbritannien eines der wesentlichen Gläubigerländer.

Es ist absehbar, dass nicht nur die Staaten ihren Verbindlichkeiten nicht in vollem Umfang nachkommen können, sondern in einigen Ländern auch der Privatsektor. Wie hoch der Anteil der nicht bedienbaren Schulden ist, lässt sich nur schätzen. Legt man das für Staaten als langfristig tragbar angesehene Niveau von Staatsschulden in Höhe von 60 Prozent des BIP[60] zugrunde und wendet diesen Zielwert auch für die privaten Haushalte und Unternehmen an, ergibt sich ein Zielwert für die Gesamtverschuldung von 180 Prozent (dreimal 60 Prozent).[61]

Geht man davon aus, dass durchaus einige der Schuldner noch über Vermögenswerte verfügen, die zur Tilgung von Schulden verkauft werden können, kann man sich Zielwerte von 240 Prozent des BIP für die Gesamtverschuldung von Staat, privaten Haushalten und Unternehmen vorstellen (60 plus 90 plus 90). Mit diesen Annahmen liegt der Schuldenüberhang – also die realistischerweise nicht mehr ordnungsgemäß bedienbaren Schulden – bei drei bis fünf Billionen Euro, immerhin rund 20 Prozent der gesamten ausstehenden Schulden in Europa[62] Wie zuvor gezeigt, wachsen die Schulden weiterhin deutlich schneller als die Wirtschaft, womit die uneinbringbaren Schulden mit jedem Tag größer werden. Legt man die Wachstumsraten der Vergangenheit zugrunde, wächst die Gesamtverschuldung in der Eurozone um immerhin 60 Millionen Euro pro Stunde.

Wenn Piketty also die Lösung der europäischen **Staats**schuldenkrise durch Vermögensabgaben diskutiert, springt er zu kurz. Wir müssen die Problematik der untragbaren **Gesamt**schuldenlast bewältigen. Wie William White zu recht feststellt: „Um den Schuldenüberhang zu lösen, müssen faule Kredite restrukturiert oder abgeschrieben werden."[63] Und es muss geklärt werden **wer, in welchem Umfang und auf welche Weise** die Kosten dafür trägt. Denn wenn Schulden nicht bedient werden – auf welche Art auch immer –, gibt es entsprechende Vermögensverluste.

Diese erleiden die Gläubiger, wie zum Beispiel die Besitzer von Staatsanleihen, wenn der Staat seine Schulden nicht bezahlt, die Laufzeiten der Schulden einseitig verlängert oder Zinszahlungen reduziert. Der IWF hat gerade in einem neuen Papier aufgezeigt, wie solche Maßnahmen der „Gläubigerbeteiligung" leichter umgesetzt werden können.[64] Allerdings entfiele dann die Last vor allem auf Lebensversicherungen und Banken und deren Gläubiger.

Dies ist der Grund, weshalb auch eine Belastung aller Vermögen zur Diskussion steht und nicht nur jener Gläubiger, die bewusst oder unbewusst (als Kunden von Banken und Versicherungen) schlechten Schuldnern Kredit gewährt haben.

Vermögensabgaben nicht neu

Piketty diskutiert die grundlegenden Möglichkeiten, den Überhang an Staatsschulden zu bereinigen. Dabei geht es ihm nur um die offiziell ausgewiesenen Staatsschulden; die ungedeckten Verbindlichkeiten, die, wie wir gesehen haben, erheblich sind, blendet er aus. Dieselben Optionen bestehen auch mit Blick auf den Überhang an Schulden insgesamt. Wie kann Europa Schulden in der Größenordnung von drei bis fünf Billionen Euro abbauen?[65]

Sparen ist eine Lösung für einzelne Schuldner, also den jeweiligen Privathaushalt oder das betroffene Unternehmen. Es ist auch für einzelne Staaten möglich, wie Schweden nach seiner Bankenkrise in den 1990er Jahren eindrücklich bewiesen hat. Es geht allerdings nicht auf der Ebene eines ganzen Kontinents. Die einzige Möglichkeit für ein Land, die Gesamtverschuldung zu verringern, ist die Erzielung von Außenhandelsüberschüssen. Diese setzen eine erhebliche Wettbewerbsfähigkeit voraus. Im Falle Schwedens ging die Sanierung mit einer deutlichen Abwertung der schwedischen Krone einher. Kann man die eigene Währung nicht abwerten, zum Beispiel, weil man in einem festen

Wechselkurssystem wie dem Euro gefangen ist, bleibt nur die „interne Abwertung" über fallende Löhne und Einsparung. Das Resultat? Eine schrumpfende und bestenfalls stagnierende Wirtschaft. In der Folge steigt die Verschuldung zum Volkseinkommen eher weiter an. Genau dies ist in den Krisenländern Europas zu beobachten.

Höheres Wirtschaftswachstum wäre die attraktivste Option. Nominales Wirtschaftswachstum setzt sich aus drei Faktoren zusammen: der Erwerbsbevölkerung, der Produktivität pro Kopf und der Inflationsrate. In der westlichen Welt stagniert oder schrumpft die Erwerbsbevölkerung. Der demografische Wandel wird uns in den nächsten Jahren mit voller Wucht treffen. Die Produktivität pro Kopf wächst deutlich weniger als in der Vergangenheit, bedingt durch weniger Innovation und zunehmenden internationalen Wettbewerb. Im Jahre 2013 war sie sogar rückläufig. Die Inflationsraten sind gering, es besteht die Gefahr einer deflationären Entwicklung. Letzteres überrascht nicht, da Überschuldung immer zu geringer Nachfrage und Deflationsdruck führt. Studien zeigen, dass hohe Schuldenstände immer mit geringerem wirtschaftlichen Wachstum verbunden sind.[66]

Historisch wurden Überschuldungssituationen gerne über Inflation gelöst. Um im heutigen Umfeld eine Entschuldung über **Inflation** zu erreichen, benötigten wir allerdings Inflationsraten von über zehn Prozent pro Jahr – und das über mehrere Jahre bei gleichzeitig tiefem Zinsniveau.

Zwar gelingt es den Notenbanken, den Nominalzins tief zu halten. Doch gerade in den Krisenländern Europas liegt das Zinsniveau nach wie vor über der nominalen Wachstumsrate. Eine Entschuldung ist so nicht möglich. Den Notenbanken gelingt es nicht, die gewünschte Inflation zu erzeugen, zu groß ist der deflationäre Druck. Das Bankensystem verwendet die zur Verfügung gestellten Gelder lieber zur Spekulation in den Finanzmärkten oder zur Finanzierung von Staaten als zur Kreditvergabe an den Privatsektor. Letzterer ist in vielen Ländern bereits so hoch verschuldet, dass er keine weitere Verschuldungskapazität und -bereitschaft mehr hat. Inflation kann in einem solchen Umfeld nur entstehen, wenn das Vertrauen in das Geldsystem als Ganzes zerrüttet wird. Doch dann sprechen wir nicht mehr von „nur" zehn Prozent Inflation, sondern von deutlich höheren Inflationsraten.

Verbleibt die letzte Option: **Schuldenrestrukturierung**. Diese kann auf verschiedenen Wegen erfolgen: Der Schuldner erklärt einseitig die Insolvenz und stellt die Zahlungen ein, oder Schuldner und Gläubiger einigen sich auf eine Umschuldung, meist eine Kombination aus Teilerlass, Schuldenstreckung und Zinsentlastung. Je geordneter eine solche Schuldenrestrukturierung erfolgt, desto geringer sind die zusätzlichen Schäden – zum Beispiel aus Panik an den Finanzmärkten – und desto höher ist die „Konkursquote" für die Gläubiger. Außerdem lassen sich in einem geordneten Verfahren weitere Zugeständnisse – zum Beispiel Reformen – aushandeln.

Auch Piketty sieht die Vorteile eines geordneten Prozesses und schlägt deshalb eine einmalige Vermögensabgabe zur Lösung der Staatsschuldenkrise vor. Dabei ist dieser Vorschlag nicht neu. Schon im Altertum wurden bei Überschuldungssituationen entsprechende Schuldenschnitte mit Verlusten für die Gläubiger durchgeführt. Wie bereits in Kapitel 2 erwähnt, waren schon im alten Mesopotamien regelmäßige Schuldenschnitte an der Tagesordnung. Schulden wurden erlassen und Grund und Boden neu verteilt.

Bereits im Jahre 2011 habe ich gezeigt, dass der Politik in den westlichen Ländern keine andere Wahl bleibt, als dem Vorbild Mesopotamiens zu folgen.[67] Eine These, die damals von vielen als abwegig angesehen wurde, steht nun im Jahre 2014 im Fokus der Diskussion. Dabei unterschätzen die meisten Beobachter – genauso wie Piketty – die Dimensionen, um die es hier geht. Es handelt sich nicht um ein paar hundert Milliarden an Staatsschulden, sondern um mindestens drei Billionen Euro für Staaten und Privatsektor. Legt man diese Zahlen zugrunde, wird deutlich, dass es nicht bei der von Piketty vorgeschlagenen Vermögensabgabe von 10 bis 20 Prozent für Vermögen über einer Million Euro bleiben wird. Abbildung 7 zeigt die tatsächlichen Dimensionen.

Die Abbildung stellt den hypothetischen Erlös einer einmaligen Vermögensabgabe von zehn Prozent auf alle Vermögen (also ohne Freibetrag) je Land dem jeweiligen Schuldenüberhang des Landes (bei der Hürde von 180 Prozent) gegenüber. Dabei wird deutlich, dass eine Abgabe in

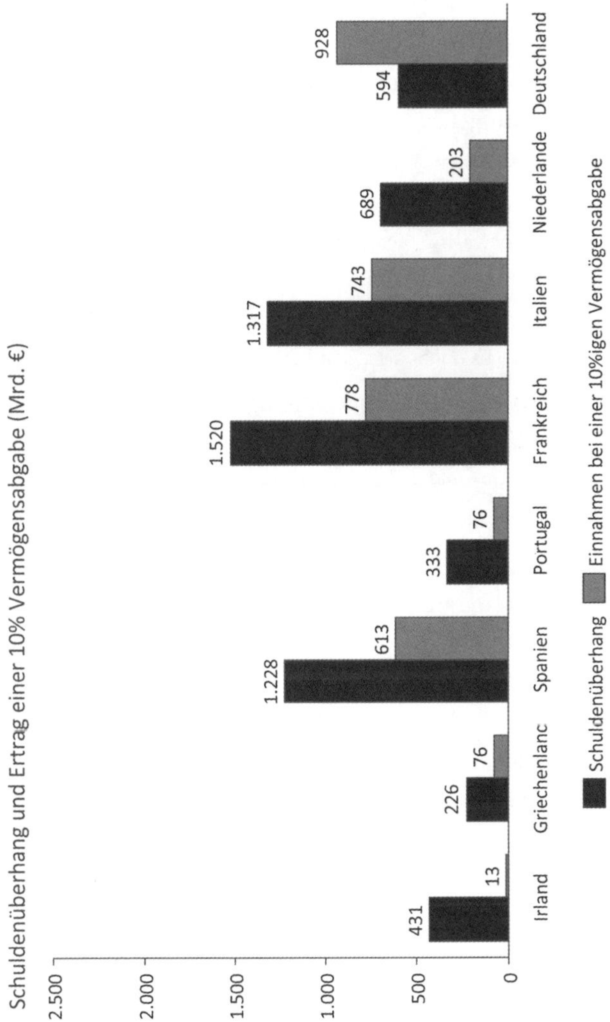

Abbildung 7: Schuldenüberhang und Erlös einer zehnprozentigen Vermögensabgabe auf alle Vermögen

Quellen: Europäische Zentralbank, Eurostat, Die Welt, bto-Analyse

dieser Größenordnung nur für Deutschland ausreichend wäre, um den Schuldenüberhang, der zudem faktisch nur aus Staatsschulden besteht, zu bereinigen. In allen anderen Ländern wären höhere Steuersätze erforderlich. Wenn zudem Freibeträge zur Schonung kleinerer Vermögen eingeräumt werden, dann steigt der erforderliche Steuersatz zusätzlich.

Die geforderte europäische Solidarität

Die Ungleichverteilung von Schulden und Vermögen in Europa blendet Piketty aus. Stets argumentiert er auf europäischer Ebene, wenn er postuliert, dass die Vermögen (und Schulden) Europas letztlich in europäischer Hand seien. Dass sein Vorschlag eine erhebliche Umverteilung von Vermögen **zwischen** Ländern bedeutet, verschweigt er. Aus der Sicht eines Franzosen ist das durchaus nachvollziehbar, würde Frankreich doch genauso wie Italien, Spanien und die übrigen Krisenländer von der „Solidarität" der anderen Länder – vor allem Deutschlands – profitieren. Mit dieser (bewusst?) verschleiernden Kommunikation steht er nicht alleine. So forderte der Chefvolkswirt des IWF, Olivier Blanchard (übrigens auch er ein Franzose) im Interview mit dem *Handelsblatt* „mehr europäische Solidarität"". Freilich ohne zu beziffern, wie teuer diese Solidarität für Deutschland wird.[68] Auch in der offiziellen Studie des IWF, in der einmalige Vermögensabgaben zur Lösung der Staatsschuldenkrise in Europa „zur Diskussion" gestellt werden, wird dieser Umverteilungsaspekt geflissentlich verschwiegen.[69]

Wie sehr der Gedanke einer Schuldenrestrukturierung und damit einer Beteiligung der Vermögensbesitzer Eingang in die politische Diskussion findet, zeigt ein Aufsatz der Experten für Schuldenkrisen, Carmen M. Reinhart und Kenneth Rogoff, vom Dezember 2013. Schuldenschnitte seien eine Notwendigkeit, um die europäische Schuldenkrise zu lösen, und dabei sei eine „Solidarität von Gläubigern und Schuldnern" gefordert – natürlich sagen die Autoren nicht, wie viel dies die Gläubiger kosten wird.[70]

Die Bundesbank sieht ebenfalls in Vermögensabgaben eine Lösung für die Staatsschuldenkrise, betont allerdings, dass zunächst die Vermögenden in den Krisenländern einen Beitrag leisten müssen, bevor sie europäische Solidarität einfordern.[71] Dies ist sicherlich der Tatsache geschuldet, dass die Deutschen pro Kopf gerechnet keineswegs an der Spitze der Vermögen in Europa stehen. Auch Pikettys Daten zeigen eine geringere Vermögens-/Einkommensquote für Deutschland. Ursächlich dürften neben der erheblichen Vermögensvernichtung durch Kriege und Teilung die geringere Eigentumsquote bei Immobilien (die zudem moderater bewertet sind) und die schlechte Anlage der aus den Handelsüberschüssen erwachsenen Auslandsguthaben sein. Immerhin hat Deutschland alleine durch die Finanzkrise im Ausland rund 400 Milliarden Euro verloren.[72] Weitere Verluste aus der europäischen Schuldenkrise werden folgen.

Die derzeitige politische Diskussion um Bankenunion, Fiskalunion und „mehr Europa" ist letztlich nichts anderes als eine Verteilungsdiskussion über die unbezahlbaren Schulden. Wer trägt welchen Verlust? Den Krisenländern wäre es sicherlich am liebsten, sich an der aktuellen Wirtschaftskraft – dem Bruttoinlandsprodukt – zu orientieren. Die Dimensionen der Umverteilung wären dabei gigantisch, wie Abbildung 8 mit einer Umverteilung des Schuldenüberhangs nach dem Anteil am europäischen Bruttoinlandsprodukt zeigt.

Welchen Beitrag Deutschland tatsächlich zur Lösung der europäischen Schuldenkrise leisten muss, wird sich in den kommenden Jahren erweisen. Viel hängt dabei von der richtigen politischen Strategie ab.

Es wäre möglich, wie von Piketty angesprochen, die einmalige Abgabe in mehreren Jahresraten zu erheben. Den vom Sachverständigenrat der Bundesregierung in die Diskussion eingebrachten Schuldentilgungsfonds, der einen Abbau des Staatschuldenüberhangs über Jahrzehnte vorschlägt, erwähnt er allerdings lediglich am Rande und bemängelt dessen „fehlende demokratische Legitimation". Was nicht stimmt, wenn eine Abstimmung darüber in den Parlamenten stattfindet. Auf jeden Fall ließe er sich gut mit einer Vermögensabgabe kombinieren.

An anderer Stelle habe ich im Sommer 2012 den Vorschlag gemacht, den gesamten europäischen Schuldenüberhang in einem Schuldentilgungsfonds zu bündeln und mit einem gewissen Maß an Solidarität (nur für Griechenland, Irland,

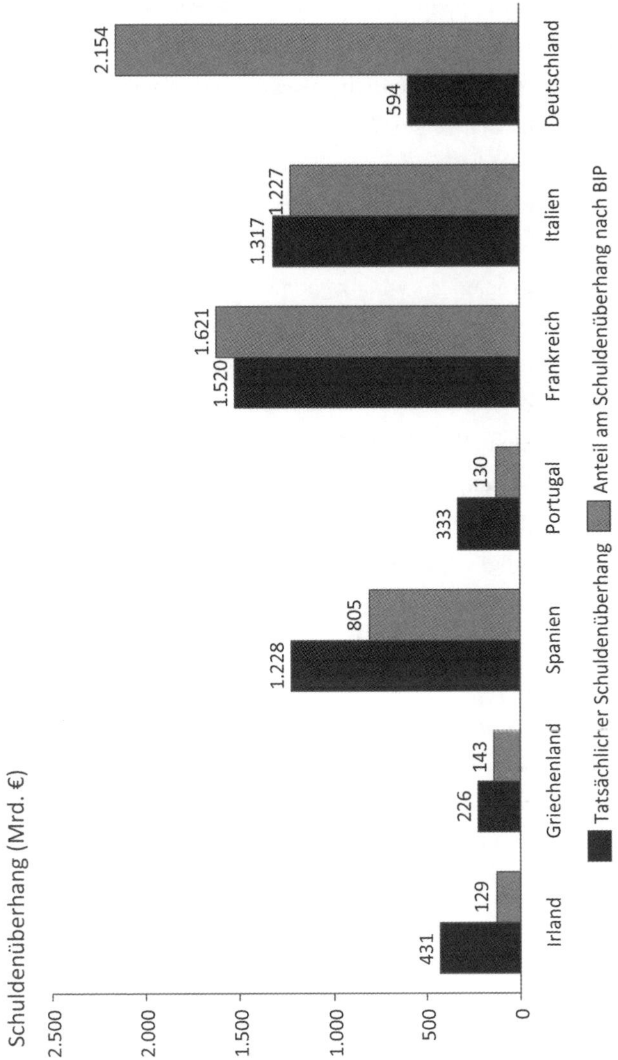

Abbildung 8: Wirkung von Solidarität

Quellen: Europäische Zentralbank, Eurostat, bto-Analyse

Portugal und Spanien, die auf keinen Fall in der Lage sein werden, ihre Schulden zu bezahlen) über zwanzig Jahre abzutragen. Die jährlichen Kosten einer solchen Lösung lägen für Deutschland bei rund 1,5 Prozent des Bruttoinlandsprodukts pro Jahr.[73] So schmerzhaft eine solche Lösung wäre, so ist sie dennoch ungeordneten Zahlungsausfällen oder einer völligen Schuldensozialisierung, wie von Piketty propagiert, vorzuziehen.

Wenige politische Alternativen

Bis jetzt hat die Politik derartige Maßnahmen vermieden. Zwar gab es in Griechenland eine Beteiligung der privaten Gläubiger an der Verringerung der Schuldenlast. Zuvor konnte jedoch ein Großteil der Gläubiger die griechischen Staatsanleihen abstoßen, weshalb heute die anderen europäischen Staaten und die Europäische Zentralbank (EZB) die Hauptgläubiger des nach wie vor bankrotten Staates sind. In Zypern wurde die Beteiligung der Bankeneigentümer und -gläubiger an der Sanierung der maroden Banken geprobt – ein Vorgehen, welches in verschiedener Hinsicht nicht durchdacht war. Zum einen betraf es nur jene Investoren, die direkt Geld in der Bank investiert hatten und dort Konten unterhielten. Es war somit eine Steuer auf eine ganz bestimmte Vermögensart, während alle anderen Vermögenswerte davon unbehelligt blieben. Hinzu kam, dass es vermögenden Kunden möglich war, in den Londoner Filialen der Banken noch nach der Schließung in Zypern Geld abzuheben, was zumindest eine Gerechtigkeitsfrage aufwirft. Mit Blick auf die Lage in Europa wurde zudem für jeden deutlich, dass man nicht mehr als 100.000 Euro auf einem Bankkonto haben sollte.

Vermögensabgaben wären – so unpopulär sie auch sind – die fairere Lösung.

Viele Alternativen verbleiben der Politik nicht. Im Jahre sechs der Krise haben sich die Verschuldungszahlen weiter verschlimmert. Die Wirtschaft in Europa stagniert und ein Zusammenbruch des Schuldengebäudes wurde nur dank der beherzten Intervention der EZB verhindert. Inflation will sich im Umfeld der Überschuldung nicht einstellen.

Es verbleiben nur weitere wirtschaftspolitische Experimente, deren Ausgang völlig offen ist. Zum einen könnte die EZB einfach alle faulen Schulden aufkaufen, über Jahrzehnte abschreiben oder einfach annullieren. Letzteres wird zur Zeit intensiv in Großbritannien diskutiert.[74]

Würde man das in der Eurozone machen, wäre es nichts anderes als ein Schuldentilgungsfonds durch die Hintertür, und zwar **wirklich** „ohne jegliche demokratische Legitimierung" und mit einer Umverteilung der Kosten nach Kapitalanteil an der EZB. Deutschland würde dann die Hauptlast tragen (zur Zeit 28 Prozent), ohne dafür eine Gegenleistung zu bekommen.

Alternativ werden neue Geldsysteme, wie zum Beispiel der Übergang zu einem Vollgeldsystem, diskutiert. Diese Idee wurde erstmals angesichts der Weltwirtschaftskrise der 1930er Jahre entwickelt. Auf der Suche nach einem eleganten Weg, die (auch damals gegebene) Überschuldung abzubauen, kamen die Ökonomen Henry Simons und Irving Fisher im Jahre 1936 auf eine neue Idee: das Ende der Geldschaffungsmöglichkeit für Geschäftsbanken. Die Banken dürften nur noch jenes Geld verleihen, welches sie wirklich als Einlagen in den Büchern hätten. Diese Einlagen würden zu 100 Prozent von der staatlichen Zentralbank zur Verfügung gestellt, weshalb auch der Begriff „Vollgeld" geprägt wurde. Die beiden Professoren sahen darin einen Weg, das Kreditwachstum einer Volkswirtschaft zu verstetigen und Zyklen aus Boom und Krise zu verhindern. Eine Idee, die zunehmend Anhänger[75] findet und in Schweiz sogar Gegenstand einer Volksabstimmung ist.

Kritiker bezweifeln, dass es wirklich gelingt, die Schaffung von Geld zu monopolisieren, da Menschen auch unabhängig von Banken Kreditbeziehungen eingehen können und damit Geld schaffen.[76] Zudem stehen die Zentralbanken angesichts der aktuellen Geldpolitik zu Recht in der Kritik. Wer garantiert, dass sie im Vollgeldsystem dem ständigen Wunsch der Politik nach weiterer Lockerung widerstehen?

Mit Blick auf das Schuldenproblem liegt der Charme des Vorschlages in der Möglichkeit, beim Übergang vom heutigen System zum System der völligen Zentralbankgelddeckung den lästigen Schuldenüberhang loszuwerden. Dies geschieht so: Die Banken müssten alle vergebenen Kredite mit Zentralbankgeld finanzieren. Da sie nicht über diese Mittel verfügen, würde der Staat dieses Geld bereitstellen und selbst aus dem Nichts schaffen. Folge wäre zunächst eine deutliche Verlängerung der Bilanz des Bankensystems um den bereitgestellten Betrag. Im nächsten Schritt würden die Schulden der Banken beim Staat für das zur Verfügung gestellte Zentralbankgeld mit den Forderungen der Banken gegen den Staat – den Staatsschulden – verrechnet. Es bliebe sogar noch Geld übrig, um auch eine Abschreibung eines Teils der Schulden des Privatsektors zu organisieren. Am Ende wären die Kredite der Banken zu 100 Prozent mit Eigenkapital und Zentralbankgeld hinterlegt. Die Banken könnten nur in dem Maße neue Kredite vergeben, wie das Eigenkapital und die von der Zentralbank bereitgestellte Geldmenge wächst. [77]

In einer aktuellen Studie diskutiert der IWF diese Möglichkeit und kommt zu dem Schluss, dass Vollgeld tatsächlich wie erwartet funktionieren und eine Schuldentilgung ermöglichen würde.[78] Welche Folgen eine solche Maßnahme auf den Geldwert hätte – besonders angesichts der bereits sehr stark gewachsenen Bilanzen der Notenbanken – ist unklar.

Aus der Tatsache, dass immer mehr extreme Maßnahmen diskutiert werden, um die Schuldenkrise zu bewältigen, kann man schließen, dass die Bereitschaft der Politik wächst, über Vermögensabgaben nachzudenken. Piketty hat dafür eine argumentative Grundlage gelegt, wenngleich an seinen Grundannahmen Zweifel berechtigt sind.

Niedrigere statt höherer Steuern nach der Bereinigung

Wir haben gesehen, dass Pikettys Ideen zur Bewältigung der Schuldenkrise das Potential haben, politische Realität zu werden. Seine Überlegungen zur Einkommenssteuer sehe ich sehr kritisch. Zum einen sollte Einkommen aus Erwerbstätigkeit bessergestellt sein als Einkommen aus Kapital. Zum anderen wird es gerade nach einer schmerzvollen Schuldenrestrukturierung in Europa erforderlich sein, die Wachstumskräfte zu stärken. Hierzu sollten die Steuern eher niedriger als höher sein.

Interessanterweise geht die Argumentation im „linken“ Lager in den USA in die gleiche Richtung. Die von Piketty hoch gelobten Steuersätze von 80 Prozent hätten in den 1960er und 1970er Jahren in den USA nur eine kleine Minderheit getroffen, die nicht ausweichen konnte. Dies waren vor allem Schauspieler, Künstler, Spitzensportler und einige wenige Spitzenverdiener in anderen Branchen.[79] Der Mehrzahl gelang es, die Steuer zu umgehen. In der heutigen globalisierten Welt stehen die Ausweichmöglichkeiten noch leichter zur Verfügung als damals.

Ohne Wachstum wird es unmöglich sein, die bestehenden Herausforderungen zu lösen. Je geringer die Wachstumsrate der Wirtschaft, desto mehr Schuldner werden nicht in der Lage sein, ihren Verpflichtungen nachzukommen. Auf Ebene der Staaten beweist das Beispiel Italien, dass allen Bemühungen zum Trotz die Schulden immer weiter ansteigen, wenn es nicht gelingt, höhere Wachstumsraten zu realisieren. Gerade mit Blick auf die erheblichen Belastungen durch eine alternde Gesellschaft sind wir dringend darauf angewiesen, das Wachstumspotential zu erhöhen.

Für Piketty ist das Wachstum der Wirtschaft ein externer Faktor, der in seine Berechnungen einfließt. Richtig erkennt er, dass dieses Wachstum von zwei Faktoren abhängt: der Entwicklung der Bevölkerungszahl und der Pro-Kopf-Produktivität. Angesichts der rückläufigen Bevölkerungszahlen sind erhebliche Anstrengungen erforderlich, um das Wirtschaftswachstum zu halten oder zu steigern.

Die derzeitige Krisenpolitik geht hierbei in die falsche Richtung. Keine der fundamentalen Herausforderungen wird angegangen. Im Gegenteil: Die Investitionsschwäche in den Industrieländern hält an, und das Wachstum der Produktivität nimmt weiter ab. So ist weltweit die Produktivität 2013 sogar gesunken.[80]

Was wäre die Alternative zur heutigen Wirtschaftspolitik? Wie müsste ein Programm aussehen, welches die

Industrieländer und damit die Weltwirtschaft wieder zurück auf einen nachhaltigen Wachstumspfad bringt? Es wäre ein schmerzhaftes Programm, das erst nach einiger Zeit wirksam werden würde[81]:

1. Schluss mit Wachstum auf Pump

Zunächst müssten wir der Tatsache ins Auge sehen, dass ein großer Teil der Schulden nicht mehr bezahlt werden kann. Besser wäre es, einen Schnitt vorzunehmen und dann neu zu starten, als das Spiel auf Zeit fortzusetzen und das Problem damit immer weiter wachsen zu lassen. Je geordneter wir eine Restrukturierung der Schulden vornehmen und die Kosten verteilen, desto besser. Dies spricht für eine Lösung über (Vermögens-)Steuern, was auf der Überlegung basiert, dass die Vermögenswerte ohne die massive Verschuldung auf einem tieferen Niveau liegen würden. Es ist auf jeden Fall besser als eine Fortsetzung der wirtschaftspolitischen Experimente, die den Schaden vergrößern und im Extremfall eine erhebliche Vermögensvernichtung mit sich bringen können.

Die Realisierungswahrscheinlichkeit ist vorerst gering. Die Politik wird sich lange Zeit nicht trauen, diesen Weg zu gehen. Am Ende wird sie aber nicht darum herum kommen, freilich erst, nachdem noch weiterer und größerer Schaden angerichtet wurde.

Bereits im Jahr 2011 hat die BIZ in einer Studie aufgezeigt, dass die Versprechen der Politik für künftige Renten, Pensionen und Gesundheitsleistungen unter keinen Umständen finanzierbar sind. Würden Staaten wie Unternehmen bilanzieren, wäre das offensichtlich. Die wahre Verschuldung liegt zwischen 400 und 800 Prozent des BIP. Die BIZ hat berechnet, was die Politik tun müsste, um dieses Problem zu lösen. Selbst bei einem Einfrieren der Kosten für Rentner auf dem heutigen Anteil am BIP würden die Staatsschulden in vielen Ländern wie USA, UK und Frankreich weiter ungebremst ansteigen. Deutschland sähe in diesem Szenario besser aus, allerdings wurde die Berechnung noch vor den Rentengeschenken der großen Koalition gemacht. Dabei muss man bedenken, dass ein Einfrieren auf heutigem Niveau natürlich *pro Kopf* eine deutliche Kürzung darstellt.[82] Ein Umsteuern durch längere Arbeitszeiten, höhere Erwerbsbeteiligung von Frauen und geringere Rentenniveaus ist unerlässlich. Zudem muss die Zuwanderung gut ausgebildeter Menschen gefördert werden.

Leider wird die Realisierungswahrscheinlichkeit für derartige Maßnahmen immer kleiner. Sobald die Mehrheit der Wähler Transferempfänger ist, wird sich die Politik überwiegend an deren Interessen orientieren. Die Politik der derzeitigen deutschen Regierung gibt hierfür nur einen Vorgeschmack. Dass es am Ende zu einem Kampf zwischen Alt und Jung aber auch zwischen Alt (vermögend) und Alt (unvermögend) kommen wird, ist kein erfreulicher Ausblick.

3. Mehr Investitionen

Ohne Investitionen in Infrastruktur, Maschinen und Anlagen, Forschung und Bildung kann eine alternde und schrumpfende Bevölkerung den Wohlstand nicht halten, geschweige denn bestehende Schulden bedienen und zukünftige Versprechen einhalten.

Noch nie war Geld so billig wie heute. Staaten wie die USA, Deutschland, Frankreich und England können sich faktisch umsonst finanzieren – die Folge der Rettungspolitik der Notenbanken. Auch Unternehmen profitieren von günstigen Finanzierungskosten und zugleich rekordhohen Gewinnen. Fast überall liegt der Anteil der Unternehmensgewinne am BIP auf Höchstniveau. Theoretisch müssten wir einen Investitionsboom erleben. Tun wir aber nicht. Im Gegenteil, es schrumpfen sowohl die privaten wie die öffentlichen Investitionen.

Woran liegt das?
Für die Zurückhaltung der Staaten kann man verschiedene Gründe ausmachen:

- Viele Staaten haben einen so hohen Schuldenstand, dass sie sich trotz günstiger Finanzierungskosten keine weiteren Schulden mehr leisten können. Zwar gibt es Experten wie Nobelpreisträger Paul Krugman und Harvard Professor Larry Summers, die die Staaten angesichts des billigen Geldes zu umfangreichen Investitionsprogrammen auf Pump drängen, doch dürften die Folgen fatal sein. Der unbedienbare Schuldenberg würde nur noch größer. Andere, die wie der *Financial-Times*-Kolumnist Wolfgang Münchau eine direkte Finanzierung von Konjunkturprogrammen durch die EZB fordern[83], hoffen vermutlich auf eine Bereinigung des Schuldenproblems durch die Hintertür. Entweder über einen demokratisch nicht legitimierten Schuldentilgungsfonds über die Bilanz der EZB oder eine doch einsetzende Inflation, die wenn sie denn kommt, sicherlich nicht bei vier Prozent pro Jahr stehenbleibt.

- Die Politik müsste in diesem Umfeld von Konsum zu Investitionen umsteuern. Klartext: weniger Sozialausgaben, mehr Ausgaben für Infrastruktur, Bildung und Forschung. Doch das ist unpopulär und kostet Wählerstimmen. Da ist es viel bequemer, investive Ausgaben zu streichen. Dies merken die Bürger es erst langsam – wenn überhaupt. Kaputte Straßen werden moniert, Lehrermangel merkt nur noch ein Teil der Bevölkerung, und fehlende Forschungsunterstützung wirkt sich erst in Jahrzehnten aus. In der Tat haben die Krisenländer in Europa vor allem die investiven Ausgaben gekürzt, und in Deutschland genügt ein Vergleich der Kosten für die Rentengeschenke der großen Koalition mit den zusätzlichen Ausgaben für die Modernisierung der Infrastruktur.

- Die Bevölkerung wird immer feindlicher gegenüber Investitionen. Man denke nur an die Proteste gegen Flughäfen und Bahnhöfe. Eine alternde und kinderarme Gesellschaft neigt zu Konsum statt Investition.
- Spektakuläre Skandale mit Großprojekten – siehe Berliner Flughafen – machen es für Politiker zusätzlich unattraktiv, sich solcher Themen anzunehmen.

Letztlich ist die fehlende Investitionsbereitschaft und -fähigkeit der öffentlichen Hand die Folge der Schuldenwirtschaft der letzten Jahrzehnte. Wenn ein Großteil des Budgets für Soziales und Zinsen fest verbucht ist, schrumpft der Bewegungsspielraum.

Der Staat müsste effizienter werden. Damit ließen sich mehrere Ziele auf einmal erreichen: geringere Kosten für den Steuerzahler, bessere Leistungen für die Bürger und weniger Bindung von Humankapital im öffentlichen Sektor und damit die Freisetzung von fähigen Mitarbeitern für die Privatwirtschaft.

Bleibt die Frage, weshalb der Privatsektor nicht investiert. Billiges Geld und hohe Profite sollten doch Anreiz genug sein? Die Ursachen sind vielfältig[84]:

- Angesichts der Finanzkrise liegt das BIP in den meisten Ländern noch deutlich unter dem Trendwachstum vor der Krise, und die Kapazitäten sind nicht ausgelastet.
- Die wirtschaftliche und politische Unsicherheit hat in

den letzten Jahren eher zu- als abgenommen: Eurokrise, Umbrüche in der arabischen Welt, US-Haushaltsstreit, Energiewende in Deutschland – alle diese Faktoren führen zu Unsicherheit und damit Investitionszurückhaltung.

- Es ist immer riskanter in neue Dinge zu investieren, als Bestehendes durch Effizienzprogramme und Kostensenkung zu optimieren
- Mit vorhandenen Anlagen lassen sich Renditen erwirtschaften, die bei weiterer Ausweitung der Kapazitäten nur sinken können. Da ist es besser, eigene Aktien zurückzukaufen oder Wettbewerber zu übernehmen. Beides dient zwar dem Aktienkurs, aber nicht dem Produktivitätswachstum der Volkswirtschaft.
- Die Anreizsysteme für Manager fokussieren auf nur kurzfristige Ergebnisse und nicht auf langfristige Wertsteigerung. Insofern verhält sich die Wirtschaft nicht viel anders als die Politik.: hier die Aktionäre, dort die Wähler. Und alle gemeinsam sind zu kurzfristig orientiert. Interessanterweise liegen die Investitionsquoten von nicht an der Börse gelisteten Unternehmen höher – offensichtlich haben die Eigentümer dieser Unternehmen einen längeren Zeithorizont, was ihre Investitionen betrifft.
- In einigen Branchen gibt es vermutlich zu wenig Wettbewerb. Unternehmen haben es sich in Oligopolen gemütlich gemacht, in denen Erträge zwar optimiert werden, fundamentale Kämpfe um Marktanteile jedoch unterbleiben.

Eine Lösung kann nur darin liegen, die Investitionen der Unternehmen zu fördern: über steuerliche Bevorteilung von Investitionen gegenüber Ausschüttungen und Aktienrückkäufen oder über verbesserte Abschreibungsmöglichkeiten. Bleibt es bei der derzeitigen Situation, ist es nur eine Frage der Zeit, bis die Staaten auch im Unternehmenssektor die Steuerschraube wieder anziehen. So gesehen wäre es im Unternehmensinteresse, dass Geld lieber im eigenen Geschäft zu investieren.

Ein weiterer wesentlicher Faktor ist die dringend nötige Verbesserung unseres Bildungssystems. In einem immer intensiveren globalen Wettbewerb werden wir nur dann bestehen können, wenn wir unsere wenigen Kinder überdurchschnittlich gut ausbilden und die gesamte Bevölkerung intensiv fortbilden. Kein Politiker, der dies nicht in Festreden betont – und dennoch nicht umsetzt. Die geringen Fortschritte in den Pisa-Vergleichen täuschen darüber hinweg, wie groß die Probleme im Bildungssektor sind. Zweiflern empfehle ich den Besuch einer örtlichen Schule.

Dies alles sind keine neuen Themen und Forderungen. Leider ist die Realisierungswahrscheinlichkeit dennoch sehr gering. Richtige Wirtschaftspolitik wirkt langsam und ist zudem oft unpopulär. Kurzfristige Wirtschaftspolitik ist angenehm und verlagert Probleme in die Zukunft.

Die schwache Kapitalisierung des Banksektors in Europa bleibt weiterhin eine Belastung für die wirtschaftliche Entwicklung und ein systemisches Risiko. Der Stresstest der EZB soll die Banken zur Offenlegung ihres Kapitalbedarfs und Sanierung ihrer Bilanzen zwingen, doch darf an dieser Hoffnung zu Recht gezweifelt werden. Studien beziffern den Kapitalbedarf europäischer Banken auf bis zu 800 Milliarden Euro. Wer soll diese Lücke schließen? Staaten und Banken sind inzwischen noch mehr als vor sechs Jahren wechselseitig voneinander abhängig und stützen sich wie zwei Betrunkene, während die EZB den Nachschub an Bier sichert.

Ohne eine Bereinigung der faulen Schulden, eine strengere Regulierung der Banken und deutlich höhere Eigenkapitalanforderungen wird es nicht funktionieren. Die Realisierungswahrscheinlichkeit bleibt weiter gering. Die Politik scheut sich, den Bürgern die Wahrheit zu sagen. Solange unklar ist, wer wie und in welcher Höhe die Kosten übernimmt, wird das Thema nicht angegangen. Noch geringer sind die Chancen, dass Geldsystem auf eine neue Grundlage zu stellen. Martin Wolf, Kommentator der *Financial Times*, hält lakonisch fest, dass es wohl erst nach der nächsten Krise eine gewisse Chance dafür gibt, unser Geldwesen fundamental zu reformieren.[85]

Nachdem es der Geldpolitik nicht gelungen ist, die Realwirtschaft ausreichend zu beleben, sie zugleich aber erhebliche schädliche und risikoerhöhende Nebenwirkungen hat, fordern immer mehr Beobachter, wie zuletzt die Bank für Internationalen Zahlungsausgleich, diese Politik zu beenden. Dieser Sicht kann man nur zustimmen. Ausführlich diskutiert die BIZ die Erfahrung mit ähnlichen Situationen in der Vergangenheit und erwartet Verwerfungen an den Finanzmärkten, sobald die Geldpolitik ihre Richtung ändert. Diese wären umso größer, je länger man mit der Normalisierung wartet.[86]

Die Realisierungswahrscheinlichkeit für diese Forderung ist gering. Würden die Notenbanken ernsthaft ihre derzeitige Politik beenden, würde offensichtlich, dass nur die Flut billigen Geldes den Booten Auftrieb gegeben hat. Das Schuldengebäude würde zum Einsturz gebracht werden. Und genau deshalb wird es nicht dazu kommen. Zwar mag die eine oder andere Notenbank mal eine Verlangsamung des Gelddruckens versuchen, eine Rückführung der Bilanzexpansion steht aber an keiner Stelle zur Debatte. Ohne die Notenbankstützung müssten sich Politik und Bevölkerung der harten Realität stellen.

Ein anderes Szenario ist viel wahrscheinlicher: die Notenbanken werden nicht weniger, sondern immer mehr in das Wirtschaftsgeschehen eingreifen. Immer mehr Liquidität soll die Wirtschaft stützen. Immer mehr zweifelhafte Schulden werden in den Büchern der Notenbanken landen, so lange bis diese letztlich zu Bad Banks geworden sind, zum Endlager für eigentlich wertlose Wertpapiere. Diese können dann zins- und tilgungsfrei gestellt werden und die laufenden Defizite der Staaten nebenher auch noch finanziert werden. Einige sehen darin die perfekte, schmerzlose Lösung.

Andere – wie ich – zweifeln daran, dass es möglich ist, sich so einfach aus dem Problem herauszumogeln. Zu groß ist die Gefahr eines breiten Vertrauensverlustes in unser Geld- und Finanzsystem. Sobald das Vertrauen verloren ginge, würde eine Flucht aus Geld- in Sachwerte einsetzen, die durchaus das Potential hätte, den Geldwert zu vernichten. Wir akzeptieren heute nur deshalb einen 50 Euroschein, weil wir davon ausgehen, dass dieser auch morgen noch werthaltig ist. Schwindet dieses Vertrauen, kann Geld quasi über Nacht wertlos werden, ein Prozess, den der Schweizer Professor und Inflationsforscher Peter Bernholz in seinen Studien gut beschreibt.[87]

5. Was bleibt von Thomas Pikettys „Kapital"?

Man kann Thomas Piketty zu seinem Timing nur beglückwünschen: zur richtigen Zeit das richtige Thema besetzt. Allerdings hält sein Buch nicht das, was es verspricht und was die erste Euphorie in den Medien erwarten ließ. Es ist ein hoch politisches Buch, und bei der Lektüre kann man sich nicht des Eindrucks erwehren, dass die politische Motivation am Anfang der Arbeit gestanden hat und nicht deren Folge ist.

Problematischer Umgang mit den Daten

Die Datenbasis ist beeindruckend und dürfte trotz Fehlern und großzügigen Annahmen der bleibende wissenschaftliche Beitrag von Pikettys Buch sein.

Der Umgang mit diesen Daten, den der französische Ökonom an den Tag legt, ist schon deutlich problematischer und entspricht nicht dem, was man von wissenschaftlicher Neutralität erwarten würde. Daten werden durchaus auch einmal so präsentiert, wie sie besser zu der gewünschten Aussage passen. Beispielsweise führt Piketty alle Analysen an Bruttobeträgen vor Steuern und Transferleistungen durch. Analysiert man die faktische Verteilung nach dieser Umverteilung, stellt sich diese aber gar nicht mehr derart auseinanderlaufend dar.

Auch die von ihm behauptete langfristig stabile Kapitalrendite von vier bis fünf Prozent ist letztlich nur eine Hypothese. Dabei kann man ihm nicht vorwerfen, dass er die Rendite nicht bewiesen hat. Wer könnte das schon über 2000 Jahre? Piketty hätte aber mit Szenarien arbeiten können, und dann wäre schnell klar geworden, wie sensibel sein Modell auf kleinste Änderungen der Annahmen reagieren würde.

Kein fundamentales Gesetz

Die „Weltformel" r > g (Kapitalrendite > Wirtschaftswachstum), mit der Piketty den Aufruf zu deutlicher Umverteilung begründet, steht, wie gezeigt, ebenfalls auf dünnem Fundament. Nur wenn die Kapitalrendite **vor** Steuern trotz anhaltend geringem Wachstum auf einem Niveau von vier bis fünf Prozent bleibt und die Steuerlast sinkt, trifft dieses Szenario für die Zukunft zu. Piketty fokussiert auf die steuerliche Lösung. Dabei deuten Wachstumstheorie und Praxis an den Kapitalmärkten, wie besprochen, eindeutig darauf hin, dass die Kapitalrendite eben nicht nachhaltig über der Wachstumsrate des Volkseinkommens liegen kann. Angesichts der demografischen Entwicklung in der westlichen Welt müssen wir uns auf geringes Wachstum und ebenso geringe Renditen einstellen.

Pikettys Überlegungen zur Ungleichverteilung von Einkommen und Vermögen sind dagegen deutlich besser nachzuvollziehen. Hohe Erbschaften und die Möglichkeit zur Erzielung höherer Kapitalrenditen können im Laufe der Zeit zu einer Konzentration von Vermögen führen. Spitzeneinkommen bei gleichzeitig stagnierenden oder sinkenden Einkommen der Mehrheit der Bevölkerung in einer globalisierten Wirtschaftswelt bergen erheblichen Konfliktstoff. Hier ist die Politik zu Recht gefordert gegenzusteuern. Obwohl sie das in den meisten Ländern bereits macht, sind Verbesserungen denkbar. Die Bevorzugung von Kapitaleinkünften gegenüber Arbeitseinkommen in der Besteuerung ist sicher nicht gerechtfertigt.

Vernachlässigte Schulden

Vor allem aber vernachlässigt Piketty bei seiner Nettobetrachtung die Wirkung von Schulden und billigem Geld. Ohne den Verschuldungsboom der vergangenen Jahrzehnte hätte es keinen Anstieg der Vermögen in dem von Piketty gezeigten Umfang gegeben. Die Volkseinkommen sind höher, als sie ohne das Doping durch immer mehr Schulden wären. Die Nachfrage und damit die Preise für Vermögenswerte sind höher als ohne Schulden. Und je billiger die Kredite dank der großzügigen Zentralbanken wurden, desto mehr konnten Schulden aufgenommen und Volkseinkommen und Vermögenspreise weiter gesteigert werden.

Der Anteil des Finanzsektors an der Wirtschaft wuchs zeitgleich überproportional und erlaubte Spitzeneinkommen, vor allem für Hedgefonds-Manager, Investmentbanker und Private-Equity-Pioniere.

Die Krise, mit der wir seit 2008 kämpfen, ist die direkte Folge dieses schuldenfinanzierten Booms. Schulden und Vermögen müssen deshalb zusammen betrachtet werden – und nicht nur saldiert.

Lösung der Schuldenkrise

Pikettys Gedanken zur Lösung der europäischen Staatsschuldenkrise gehen in die richtige Richtung. Zwar blendet er die negativen Seiten des Sozialstaats weitgehend aus und befürwortet lediglich Maßnahmen zur Effizienzsteigerung. Seine Überlegungen zu den Möglichkeiten des Abbaus der Staatsschulden sind zutreffend. Auch seine Bewertung der Optionen und das Plädoyer für eine steuerliche Lösung sind nachvollziehbar. Hier sieht er richtigerweise den Zusammenhang von Schulden und Vermögen, wenn es darum geht, die Krise zu lösen.

Allerdings unterschätzt Piketty die Dimensionen des Schuldenproblems: Zum einen sind die tatsächlichen Verbindlichkeiten der Staaten deutlich höher als die offiziell ausgewiesenen Schulden, und zum anderen haben wir es mit einer Überschuldung von Staaten und Privaten in Europa zu tun. Auch im Jahr sechs der Krise wachsen diese Schulden relativ zum Volkseinkommen weiter an.

Bei seinen Überlegungen zur Lösung des Schuldenproblems bleibt Piketty immer auf EU-Ebene. Damit unterschlägt er geflissentlich, dass sein Vorschlag eine erhebliche Umverteilung zwischen den Ländern Europas bedingt.

In den kommenden Jahren wird der Druck, sich zur Lösung der Schuldenkrise in Richtung einer Vermögensbesteuerung zu bewegen, noch erheblich steigen. Die Politik wird erkennen, dass sich alle Hoffnungen, durch noch mehr billiges Geld und etwas mehr Inflation das Problem doch noch schmerzfrei aus der Welt zu schaffen, nicht erfüllen. Bis es so weit ist, können – wie man am Beispiel Japans sehen kann – noch einige Jahre vergehen und die Schuldenberge weiter anwachsen.

Ein neues Geldsystem erforderlich

Groß ist die Gefahr eines „Weiter so“: das Schuldenproblem durch Vermögensabgaben lösen, doch nicht an den Grundproblemen rühren. Dabei sind die Schulden nur das Symptom für die falschen Entscheidungen der vergangenen Jahre: Konsum statt Investition, Kredit statt Einkommen und Ausweichen vor dem weltweiten Wettbewerb statt sich diesem zu stellen.

Gerechtigkeit beginnt bei der Schaffung gleicher Chancen und damit bei der Breitenbildung. Zudem kann moderate Umverteilung einen Beitrag für eine gleichmäßigere Vermögensverteilung leisten. Entscheidend ist jedoch eine Rückbesinnung auf wichtige ökonomische Grundsätze. Schulden sind nichts anderes als Verzicht auf künftigen Konsum. Gute Wirtschaftspolitik verzichtet deshalb auf kurzfristige Stimulierung. Stattdessen müssen langfristig wirksame Maßnahmen wie Bildung, Innovation, Beschränkung von Bürokratie und Regulierung (nicht im Finanzsektor!) und Investitionen in den produktiven Kapitalstock einer Volkswirtschaft im Vordergrund stehen.

Auch unser Geldsystem ist zu hinterfragen. Ungebremstes Kreditwachstum führt nicht nur zu Schulden und (Schein-) Vermögen, sondern, wie wir in den vergangenen Jahren leidvoll erlebt haben, zu existenziellen Finanzkrisen. Das Wiederaufleben der Diskussion um das Thema „Vollgeld", auch getrieben über die dazu anstehende Volksabstimmung in der Schweiz, ist ein ermutigendes Zeichen. Selbst die Kommentatoren der *Financial Times* befürworten die Idee einer Unterscheidung in Geld als Zahlungs- und Wertaufbewahrungsmittel (100 Prozent Zentralbankgeld) und Investitionen in renditeschaffende, aber risikobehaftete Vermögenswerte. Es bleibt zu befürchten, dass es noch (mindestens) einer weiteren Krise bedarf, bis diese grundlegende Problematik angegangen wird.

Obwohl Piketty mit anderem Anspruch angetreten ist, beschreibt er nur Symptome und blendet die wahren Ursachen der von ihm diagnostizierten Entwicklungen aus. Für Piketty ist das Problem **eine ungleiche Einkommens- und Vermögensverteilung**. Als Ursache sieht er eine strukturell über der Wachstumsrate der Wirtschaft liegende Kapitalverzinsung und zu wenig Staat, zu wenig Umverteilung und zu wenige Eingriffe der Politik in die Wirtschaft.

Ich sehe das Problem hingegen in der **Überschuldung in weiten Teilen der westlichen Welt.** Deren Ursache ist eine Wirtschaftspolitik, die statt der eigentlich erforderlichen Investitionen in Bildung und Innovation die Probleme mit Schulden und immer billigerem Geld verdeckt hat.

Die zunehmende Vermögens- und Einkommenskonzentration ist Folge der fehlgeleiteten Wirtschaftspolitik. Wenn man die Vermögensverteilung als problematisch kritisiert, muss man konsequenterweise auch eine andere Wirtschaftspolitik fordern. Pikettys Ruf nach mehr Staat geht hier in die falsche Richtung. Er bleibt im bestehenden System gefangen und propagiert lediglich mehr Umverteilung. Die Erhöhung des Wachstumspotentials, ein Umsteuern in der Geldpolitik und eine Abkehr von der Schuldenwirtschaft fehlen in Pikettys Programm.

Kommen wir zum Fazit: *Was ist drin, was ist dran und was fehlt* in Pikettys *Das Kapital*? Abbildung 9 fasst zusammen:

Was ist drin?	Was ist dran?	Was fehlt?
Gesetzmäßigkeit r > g	▼ Empirisch und theoretisch nicht haltbar.	Wirkung von Besteuerung,Transferleistungen und Geldpolitik auf „r" vernachlässigt. Geringeres Wirtschaftswachstum und demographische Entwicklung werden künftige Kapitalrenditen schmälern.
Nettovermögen sind Bruttovermögen abzüglich Schulden.	► Formal richtige Definition.	Der „Leverage-Effekt" der Schulden wird völlig vernachlässigt. Ohne Verschuldung wären die Vermögenswerte tiefer.
Hohe Vermögenswerte sind problematisch.	▼ Hohe Vermögenswerte sind ein Zeichen dafür, dass der Menschheit Kriege und Katastrophen erspart geblieben sind. Eigentlich schönes Szenario.	Wirkung von billigem Geld und Schulden auf die Vermögenswerte nicht berücksichtigt.
Zunahme von Einkommens- und Vermögenskonzentration ist problematisch.	► Piketty betont die politischen und sozialen Folgen ungleicher Vermögensverteilung. Über die kann man streiten. Unstrittig ist, dass eine hohe Einkommenskonzentration negative Wirkung auf gesamtwirtschaftliche Nachfrage haben kann.	Piketty fokussiert in seiner Argumentation auf die Daten vor Steuern und Umverteilung. Er hätte zusätzlich die Wirkung der Umverteilung betrachten müssen. Laut OECD keine deutliche Veränderung der Einkommenskonzentration.
Zunehmende Vermögenskonzentration ist zu erwarten, weil größere Vermögen im Schnitt höhere Kapitalrenditen erwirtschaften und davon weniger konsumiert wird.	► Diese Annahme ist plausibel, weil größere Vermögen breiter diversifizieren und mehr Risiken eingehen können und Zugang zu den besten Experten haben.	Wirkung der demographischen Entwicklung auf die Größe und Verteilung von Erbschaften unberücksichtigt.
Konfiskatorische Besteuerung von hohen Einkommen und Vermögen ist erforderlich.	▼ Erfahrung der Vergangenheit lässt Ausweich- und Vermeidungsreaktionen erwarten.	Die negative Folge hoher Steuern und Abgaben für die Vermögensbildung aus Einkommen wird nicht angesprochen. Hohe Belastung erfolgt heute schon bei mittleren Einkommen.
Nur eine globale progressive Vermögenssteuer kann das Problem der Vermögensverteilung lösen.	► Theoretisch richtig – wenn man denn ein Problem diagnostiziert. Piketty selbst sagt, sie ist illusorisch.	Ein realistischer Vorschlag zur Lösung des von Piketty definierten Problems der Vermögensverteilung fehlt.
Der Sozialstaat ist die beste Folge der großen Depression der 1930er Jahre.	► Zweifellos hat der Sozialstaat breiten Bevölkerungsschichten einen historisch einmaligen Wohlstand ermöglicht durch Bildung und Transferleistungen.	Die untragbaren Kosten des Sozialstaates werden nicht thematisiert. Die ungedeckten Verpflichtungen für Renten und Gesundheitsversorgung völlig ausgeblendet.
Staatsschulden sind nur ein Verteilungsproblem zwischen Staat und Privatsektor	► Richtig mit Blick auf die Verteilungswirkung.	Übersieht die Dimensionen der Privatsektorverschuldung.
Lösung der Staatsschuldenkrise durch einmalige europaweite Vermögensabgaben als bevorzugter Weg.	► In der Tat der beste und ehrlichste Weg mit dem Schuldenproblem umzugehen. Die Folgen der Alternativen (Inflation, EZB als Schuldentilgungsfonds) nicht absehbar.	Übersieht die Notwendigkeit, auch Schulden im Privatsektor abzubauen und die Verteilungswirkung zwischen den Ländern Europas.

Abbildung 9: Was ist drin, was ist dran, was fehlt?

Die Aufbereitung der Daten ist der Verdienst von Piketty und seinen Mitarbeitern. Ansonsten bleibt sein Buch hinter dem selbstgesetzten Anspruch und den vom Medienhype geschürten Erwartungen zurück. Vor allem liefert es keine überzeugende Erklärung für die von ihm diagnostizierten Probleme und die Überschuldungssituation, in der wir uns befinden.

Argumentationshilfe für die Politik

Zwar gab es schon vor Pikettys Buch Vorschläge, über einmalige Vermögensabgaben und Steuern der Schuldenkrise beizukommen. Mit seinem Angriff auf „das Kapital" liefert Piketty der Politik nun eine Begründung für Vermögensabgaben: Die Vermögen seien zu hoch und zu ungleich verteilt, also handle es sich schlicht um eine Frage der Gerechtigkeit, dort zuzugreifen. Statt sagen zu müssen: „Wir nehmen Euch das Geld, weil wir sonst pleite sind", kann die Politik nun postulieren: „Wir schaffen Gerechtigkeit und können zugleich auch noch das Schuldenthema lösen.". Inhaltlich dasselbe, von der politischen Positionierung her jedoch etwas ganz anderes.

Der Charme dieser Lösung für die Politik liegt auf der Hand – und bietet zugleich die Möglichkeit, vom eigenen Versagen abzulenken. Denn ohne die fehlgeleitete Wirtschaftspolitik der vergangenen Jahrzehnte wäre es – wie gezeigt – gar nicht zu Rekordschulden, Rekordvermögen und Ungleichverteilung gekommen.

Der italienische Ökonom Vilfredo Pareto hat schon im frühen 20. Jahrhundert festgestellt, dass es für die Regierenden weniger eine Rolle spielt, ob eine Theorie richtig oder falsch ist. Wichtiger sei, ob sie ihnen nutze. Hier zeigt sich die Hauptwirkung von Pikettys Buch. Trotz Zweifeln an seinen Daten und vor allem dem darauf errichteten Theoriegebäude wird seine Überlegung, die Schuldenkrise durch Vermögensabgaben zu lösen, die Politik der kommenden Jahre prägen.

Es soll keiner sagen, er sei nicht gewarnt gewesen.

Der Autor

Dr. Daniel Stelter ist Gründer des auf Strategie und Makroökonomie spezialisierten Forums „Beyond the Obvious". Er war von 1990 bis 2013 Unternehmensberater bei der internationalen Strategieberatung The Boston Consulting Group (BCG), zuletzt als Senior Partner, Managing Director und Mitglied des weltweiten BCG Executive Committee. Von 2003 bis 2011 verantwortete er weltweit das Geschäft der BCG-Praxisgruppe Corporate Development (Strategie und Corporate Finance).

Seit 2007 berät Stelter internationale Unternehmen im Umgang mit den Herausforderungen der fortschreitenden Finanzkrise. Zusammen mit David Rhodes verfasste er das Buch „Vor der Krise ist nach dem Aufschwung" (engl. Original: „Accelerating out of the Great Recession"), das 2010 mit dem „getAbstract International Book Award" ausgezeichnet wurde. Im April 2013 erschien seine umfangreiche Analyse zur aktuellen Schuldenkrise als Sachbuch unter dem Titel „Die Billionen-Schuldenbombe" und im Mai 2014 das Taschenbuch „Die Krise ... ist vorbei ... macht Pause ... kommt erst richtig".

Anmerkungen

1 Jonathan Ostry et al., „Redistribution, Inequality and Growth", IMF Staff Discussion Note, Februar 2014 und unter: http://www.imf.org/external/pubs/ft/sdn/2014/sdn1402.pdf

2 „Fiscal Adjustment in an Uncertain World", IMF Fiscal Monitor, April 2013 und unter: http://www.imf.org/external/pubs/ft/fm/2013/01/fmindex.htm

3 Carmen Reinhart, Kenneth Rogoff, „Financial and Sovereign Debt Crises: Some Lessons Learned and Those Forgotten", IMF Working Paper, Dezember 2013 und unter: http://www.imf.org/external/pubs/ft/wp/2013/wp13266.pdf

4 Monatsbericht 1/66, Deutsche Bundesbank, Januar 2014 und unter: http://www.bundesbank.de/Redaktion/DE/Downloads/Veroeffentlichungen/Monatsberichte/2014/2014_01_monatsbericht.pdf ?__blob=publicationFile

5 Martin Wolf, „A more equal society will not hinder growth", Financial Times, 25.04.2014 und unter: http://www.ft.com/intl/cms/s/0/330931dc-c4ca-11e3-8dd4-00144feabdc0.html?siteedition=intl#axzz2zzckJ3Q4

6 Thomas Piketty, Capital in the Twenty-First Century, Cambridge, 2014, S. 113ff. Alle im Buch verwendeten Zitate sind meine Übersetzungen dieser englischen Ausgabe.

7 Piketty, S. 113ff.

8 Piketty, S. 140ff.

9 Piketty, S. 150ff.

10 Piketty, S. 170ff.

11 Piketty, S. 194.

12 Lawrence H. Summers, „The Inequality Puzzle", Democracy Journal, Summer 2014 und unter: http://www.democracyjournal.org/33/the-inequality-puzzle.php?page=all

13 „Piketty findings undercut by errors", Financial Times, 23.05.2014 und unter: http://www.ft.com/intl/cms/s/2/e1f343ca-e281-11e3-89fd-00144feabdc0.html#axzz32Tbqv13O

14 „Krise steigert Ungleichheit und Armutsrisiko in OECD Ländern", OECD, Mai 2013 und unter: http://www.oecd.org/berlin/presse/einkommen-verteilung-ungleichheit.htm

15 Philip Vermeulen: How fat is the top tail of the wealth distribution, ECB Working Paper Series, July 2014 und unter: http://www.ecb.europa.eu/pub/pdf/scpwps/ecbwp1692.pdf

16 Thomas Piketty accuses Financial Times of dishonest criticism, The Guardian, 26. Mai 2014 und unter: http://www.theguardian.com/business/2014/may/26/thomas-piketty-financial-times-dishonest-criticism-economics-book-inequality

17 Is Piketty all Wrong?, New York Times, 24. Mai 2014 und unter: http://krugman.blogs.nytimes.com/2014/05/24/is-piketty-all-wrong/?_php=true&_type=blogs&_r=0

18 „FT journalist accused of serious errors in Thomas Piketty takedown", The Guardian, 29.05.2014 und unter: http://www.theguardian.com/business/economics-blog/2014/may/29/ft-journalis-terrors-thomas-piketty-takedown; und „Piketty, Chris Giles and wealth inequality: it's all about the discontinuities", The Guardian, 30.05.2014 und unter: http://www.theguardian.com/news/datablog/2014/may/29/piketty-chris-giles-and-wealth-inequali-tyits-all-about-the-discontinuities

19 Robert Gordon, „Is US Economic Growth Over?", Center for Economic Policy Research, September 2012, unter: http://www.cepr.org/sites/default/files/policy_insights/PolicyInsight63.pdf

20 Piketty, S. 257f. eigene Übersetzung.

21 Piketty, S. 253.

22 James K. Galbraith, „Kapital for the Twenty-First-Century?", Dissent,Spring 2014 und unter: http://www.dissentmagazine.org/article/kapital-for-the-twenty-first-century

23 T. Philippon, A. Reshef, „Wages and Human Capital in the U.S. Financial Industry: 1909–2006", NBER Working Paper 14644 und unter: http://www.nber.org/papers/w14644

24 Piketty, S. 422. Eigene Übersetzung.

25 Hans-Werner Sinn, „Thomas Pikettys Weltformel, in : Frankfurter Allgemeine Zeitung, 13.05.2014 und unter: http://www.faz.net/

aktuell/wirtschaft/wirtschaftspolitik/hans-werner-sinn-ungleichheit-ist-nicht-so-einfach-wiethomas-piketty-denkt-12933579.html

26 Siehe Daten bei Piketty, S. 356.

27 Siehe dazu: http://think-beyondtheobvious.com/stelters-lektuere/spanish-property-advice-from-the-plague/

28 Information abrufbar unter: www.gmo.com

29 Martin Wolf, „Wipe out rentiers with cheap money", Financial Times, 06.05.2014 und unter: http://www.ft.com/intl/cms/s/0/d442112e-d161-11e3-bdbb-00144feabdc0.html?siteedition=intl#axzz34W8RMkI6

30 N. Gregory Mankiw, 2013, „Defending the One Percent", Journal of Economic Perspectives, 27(3): 21–34 und unter: http://www.aeaweb.org/articles.php?doi=10.1257/jep.27.3.21

31 Gunnar Heinsohn, Vermögensverteilung: Reflexion zur Piketty-Debatte, malik-management.com unter: https://blog.malik-management.com/kaelte-kompetenz-und-leidenschaft-2/

32 Siehe dazu: http://think-beyondtheobvious.com/stelter-in-den-medien/30-jahre-stagnation-der-weltwirtschaft/

33 Piketty, S. 194.

34 Wenn es etwa um Verluste mit US-Immobilienfinanzierungen geht, finden sich deutsche Banken in der vordersten Reihe. Auch die Kreditvergabe an die heutigen Krisenländer Europas wird nicht ohne Verluste bleiben. Das Deutsche Institut der Wirtschaft hat die Wirkung quantifiziert: „Wege zu einem höheren Wachstumspfad", S. 12, und unter: http://www.diw.de/documents/publikationen/73/diw_01.c.423522.de/13-26-2.pdf

35 Stephen Cecchetti et al., „The real effects of debt", Bank of International Settlement, Working Papers No 352 (2011) und unter: http://www.bis.org/publ/work352.htm

36 Dirk Bezemer: Big finance is a problem, not an industry to be nurtured, FT, 3. November 2013 und unter: http://www.ft.com/intl/cms/s/0/10c43a5a-4300-11e3-8350-00144feabdc0.html?siteedition=intl#axzz36Di73YpZ

37 Stephen Cecchetti, Enisse Kharroubi, Why does financial sector

growth crowd out real economic growth?", September 2013 und unter: https://evbdn.eventbrite.com/s3-s3/eventlogos/67785745/cecchetti.pdf

38 Guillaume Bazot: Financial Consumption and the Cost of Finance: Measuring Financial Efficiency in Europe (1950-2007), ohne Datum und unter: www.parisschoolofeconomics.eu/IMG/pdf/jobmarket-1paper-bazot-pse.pdf

39 Counting the cost of finance, Economist, 21. Juni 2014 und unter: www.economist.com/news/finance-and-economics/21604574-new-paper-shows-industrys-take-has-been-rising-counting-cost-finance

40 Daniel Stelter, Die Krise … ist vorbei… macht Pause … kommt erst richtig, 2014, S. 6.

41 So zum Beispiel in seiner Anmerkung zu Japan; Piketty, S. 172.

42 Der Begriff der Bilanzrezession wurde vom japanischen Ökonomen Richard Koo geprägt. Zunächst zur Beschreibung der Entwicklung in Japan nach 1990, später auch zur Erklärung der Finanz- und Wirtschaftskrise. Unter anderem in: The World in balance Sheet Recession: Causes, Cure and Politics, real world economics review, abrufbar unter: http://www.paecon.net/PAEReview/issue58/Koo58.pdf

43 84. Jahresbericht der Bank für Internationalen Zahlungsausgleich, S. 73, abrufbar unter: http://www.bis.org/publ/arpdf/ar2014e.htm

44 84. Jahresbericht der Bank für Internationalen Zahlungsausgleich, abrufbar unter: http://www.bis.org/publ/arpdf/ar2014e.htm

45 Daniel Stelter, Die Krise … ist vorbei… macht Pause … kommt erst richtig, 2014, S. 54.

46 William White, Ich sehe Preisblasen wie 2007, Interview in der Finanz und Wirtschaft, 11. April 2014 und unter: http://tablet.fuw.ch/article/ich-sehe-spekulationsblasen-wie-2007/

47 84. Jahresbericht der Bank für Internationalen Zahlungsausgleich, abrufbar unter: http://www.bis.org/publ/arpdf/ar2014e.htm

48 Piketty, S. 487f.

49 Piketty, S. 505.

50 Piketty, S. 531.

51 Piketty, S. 513.

52 Piketty, S. 525.

53 Piketty, S. 517.

54 Piketty, S. 528.

55 Piketty, S. 529.

56 Piketty, S. 544.

57 Jagadeesh Gokhale, „Measuring the Unfunded Obligations of European Countries“, National Center for Policy Analysis, Januar 2009 und unter: http://www.ncpa.org/pdfs/st319.pdf

58 Diese Zahlen sind illustrativ: Vermögens-/Einkommensquoten zuzüglich offizielle Staatsschulden abzüglich der tatsächlichen Staatsschulden gemäß Gokhale. Die Zahlen sind nicht immer für das gleiche Jahr verfügbar, weshalb sich in Realität kleinere Abweichungen ergeben dürften. Für die Zwecke der Illustration der Dimensionen genügt es hier jedoch völlig.

59 Viral V. Acharya, Sascha Steffen, „CEPS Policy Briefs: Falling short of expectations? Stress-testing the European Banking System“, 15. Januar 2014 und unter: http://www.ceps.eu/book/falling-short-expectations-stress-testing-european-banking-system

60 Piketty selbst sieht die 60-Prozent-Regel als unbegründet an (S. 565f.). Dabei gibt es eine Vielzahl von Studien, die zeigen, dass ein Niveau von 50 bis 60 Prozent Staatsschulden relativ zum BIP tragbar ist – mehr nicht; unter anderem die OECD in „Fiscal Consolidation: How much, how fast and by what means“, April 2012 und unter: http://www.oecd.org/tax/public-finance/50106656.pdf. Für weitere Quellen siehe: Daniel Stelter, Die Krise … ist vorbei … macht Pause … kommt erst richtig, 2014, S. 79.

61 Für eine detaillierte Berechnung des Schuldenüberhangs und die damit verbundenen Annahmen siehe: Stelter et.al, Die Billionen Schuldenbombe, Weinheim 2013, S. 164ff.

62 Für mehr Details siehe: Daniel Stelter et al., Die Billionen-Schuldenbombe, 2013.

63 William White, Ich sehe Preisblasen wie 2007, Interview in der Finanz und Wirtschaft, 11. April 2014 und unter: http://tablet.fuw.ch/article/ich-sehe-spekulationsblasen-wie-2007/

64 IMF: The Fund's Lending Framework and Sovereign Debt—Preliminary Consideratins, 22. Mai 2014 und unter: http://ftalphaville.ft.com/files/2014/06/SDR0614.pdf

65 Für eine ausführliche Diskussion der Optionen mit dem Schuldenüberhang umzugehen siehe Daniel Stelter et al., Die Billionen-Schuldenbombe, 2013.

66 Manmohan S. Kumar, Jaejoon Woo, „Debt and growth", IMF Working Paper 10/174 und unter: https://www.imf.org/external/pubs/cat/longres.cfm?sk=24080.0

67 Daniel Stelter, David Rhodes, „Back to Mesopotamia, The looming threat of Debt Restructuring", The Boston Consulting Group, September 2011, verfügbar unter: http://think-beyondtheobvious. com/referenzen/back-to-mesopotamia-the-looming-of-debt-restructuring/

68 Daniel Stelter, „Die Nebelbomben des Olivier Blanchard", Handelsblatt, 14.03.2014 und unter: http://think-beyondtheobvious.com/stelter-in-den-medien/die-nebelbomben-des-oliver-blanchard/

69 „Taxing Times", IMF Fiscal Monitor, Oktober 2013 und unter: http://www.imf.org/external/pubs/ft/fm/2013/02/fmindex.htm

70 Carmen Reinhart, Kenneth Rogoff, „Financial and Sovereign Debt Crisis: Some Lessons Learned and Those Forgotten", IMF Working Paper, Dezember 2013 und unter: http://www.imf.org/external/pubs/ft/wp/2013/wp13266.pdf

71 Monatsbericht Januar 2014, Deutsche Bundesbank, auch unter: http://www.bundesbank.de/Redaktion/DE/Downloads/Veroeffentlichungen/Monatsberichte/2014/2014_01_monatsbericht.pdf ?__blob=publicationFile

72 „Wege zu einem höheren Wachstumspfad", Deutsches Institut der Wirtschaft unter: http://www.diw.de/documents/publikationen/73/diw_01.c.423522.de/13-26-2.pdf

73 Daniel Stelter et al., „Fixing the Eurozone", The Boston Consulting Group, März 2012 auch unter: http://think-beyondtheobvious.

com/referenzen/fixing-the-euro-zone/ und in Stelter et al., Die Billionen Schuldenbombe, 2013.

74 Siehe unter anderem: Dear Minouche, wipe out the UK's QE debt, Financial Times, 21. März 2014 und unter: http://www.ft.com/intl/cms/s/0/36c69fa8-b0cf-11e3-bbd4-00144feab7de.html?siteedition=intl#axzz36X020X59

75 Strip private banks of their power to create money, FT, 24. April 2014 und unter: http://www.ft.com/intl/cms/s/0/7f000b18-ca44-11e3-bb92-00144feabdc0.html?siteedition=intl#axzz36X020X59

76 Eine detaillierte Abhandlung über das Wesen von Geld, Kredit und Eigentum würde den Rahmen dieser Schrift sprengen. Ich empfehle daher zur Leküre: Gunnar Heinsohn, Otto Steiger, Eigentumsökonomik, Marburg 2008 und eine Zusammenfassung unter: http://think-beyondtheobvious.com/schulden-sind-gut/

77 Siehe dazu: http://think-beyondtheobvious.com/mit-vollgeld-ausder-krise-das-neue-geldsystem-als-loesung/

78 Jaromir Benes, Michael Kumhof, „The Chicago Plan Revisited", IMF Working Paper 21/202 und unter: http://www.imf.org/external/pubs/ft/wp/2012/wp12202.pdf

79 James K. Galbraith, »Kapital for the Twenty-First-Century?", Dissent, Spring 2014 und unter: http://www.dissentmagazine.org/article/kapital-for-the-twenty-first-century

80 Siehe dazu auch: http://think-beyondtheobvious.com/fatal-fuer-schuldner-produktivitaet-der-weltwirtschaft-sinkt/

81 Siehe auch, Stelter et.al, Die Billionen Schuldenbombe, Weinheim 2013.

82 BIS Working Paper 300: The Future of Publice Debt, März 2010, und unter: http://www.bis.org/publ/work300.pdf

83 Wolfgang Münchau, An investment surge would jolt Europe back to life, Financial Times, 29. Juni 2014 und unter: http://www.ft.com/intl/cms/s/0/e02c9154-fdf2-11e3-bd0e-00144feab7de.html?siteedition=intl#axzz36X020X59

84 Warum investieren wir nicht? Beyond the Obvious, 24. Januar 2014 unter: http://think-beyondtheobvious.com/warum-investieren-wir-nicht-2/

85 Strip private banks of their power to create money, FT, 24. April 2014 und unter: http://www.ft.com/intl/cms/s/0/7f000b18-ca44-11e3-bb92-00144feabdc0.html?siteedition=intl#axzz36X020X59

86 84. Jahresbericht der Bank für Internationalen Zahlungsausgleich, abrufbar unter: http://www.bis.org/publ/arpdf/ar2014e.htm

87 Peter Bernholz, Monetary Regimes and Inflation, März 2006 ist eine sehr interessante Analyse vergangener Inflationsperioden.